给生活加入
仪式感

蔡仲淮◎著

中国纺织出版社有限公司

内 容 提 要

　　生活如果没有仪式感，就会变成日复一日的继续，今天永远重复昨天，今年重复去年，唯有仪式感，生活才能区别于生存，才会变得鲜活有趣，所以，我们要将仪式感带入生活。

　　本书是一本温暖的心灵读物，倡导一种全新的生活态度：仪式感让我们的日子过得精致、富有诗意，让我们的生命更有意义，愿我们用心感受人生中的点点滴滴，享受有仪式感的幸福生活。

图书在版编目（CIP）数据

给生活加入仪式感 / 蔡仲淮著. --北京：中国纺织出版社有限公司，2020.1（2020.3重印）
　　ISBN 978-7-5180-6849-4

　　Ⅰ.①给… Ⅱ.①蔡… Ⅲ.①生活方式—通俗读物
Ⅳ.①C913.3-49

中国版本图书馆CIP数据核字（2019）第229694号

责任编辑：江　飞　　特约编辑：王佳新
责任校对：寇晨晨　　责任印制：储志伟

中国纺织出版社有限公司出版发行
地址：北京市朝阳区百子湾东里A407号楼　邮政编码：100124
销售电话：010—67004422　传真：010—87155801
http://www.c-textilep.com
中国纺织出版社天猫旗舰店
官方微博http://weibo.com/2119887771
三河市宏盛印务有限公司印刷　各地新华书店经销
2020年1月第1版　2020年3月第2次印刷
开本：880×1230　1/32　印张：6
字数：114千字　定价：39.80元

凡购本书，如有缺页、倒页、脱页，由本社图书营销中心调换

生活中的你，可曾想过，你有多久没有陪爱人看电影了？有多久没有陪孩子出去郊游了？又有多久没去花店为爱人买一束鲜花了？上次陪父母散步是多久之前的事了？……是啊，日复一日，年复一年，你是否觉得每天过得和昨天一样，今年也和去年一样，生活越来越平淡，也越来越潦草。有时恍然醒过来，问自己："这种日子到底过了多久？"其实，生活的枯燥无趣皆是因为缺乏仪式感。

有人说，这是一个"仪式感缺失和匮乏"的年代，很多人的生活不再精致，很多事情流于形式，一点点让生活变得无趣。有人在公共场合蓬头垢面、衣衫不整，却自诩为不拘小节；有人在家里习惯冲自己的孩子大呼小叫，完全不在乎孩子的感受；有人喜欢贬低给女生送小礼物的男生，觉得这样的爱情太肤浅；有人无视朋友之间要礼尚往来，完全曲解"君子之交淡如水"的真意……其实，很多人对待生活都是不认真的。

我们再反观另一些人，他们简直把日子过成了诗，他们会在闲暇之余摆上精致的餐具，为家人准备简单又温馨的食物，用一束花或是路边的枯枝来装点房间。他们生活规律，坚持运动，让身体依然保持轻盈；他们喜欢收集明信片、老唱片、

CD，甚至自己动手弹一首曲子，把日常过得细水慢流；他们也会重视每一个节日，为朋友和家人精心挑选一份得体的礼物。

这两种生活，你更喜欢过哪一种？很明显是后者，谁不希望人生过得更为精致？

然而，谁的生活又不是一地鸡毛？婆媳关系、孩子叛逆、偶尔抑郁，生活本身是有狼狈和辛苦的，但是，我们仍然要从无趣中寻找快乐，从柴米油盐中寻找诗和远方。

正如作家王小波说的，一个人只拥有此生此世是不够的，他还应该拥有诗意的世界，任何时候，都要尽量把日子过得精致。

村上春树也曾说："生活中平常而渺小的事情，因仪式感而显得重要起来。"

也有人说，生活已经很苦，何必费钱去矫情呢？其实，仪式感不需要花太多的钱，只要你有一颗诗意的心，每一个闲暇时光都可以过得郑重又随意，充满仪式感。

因为有了仪式感，生存才变成真正的生活，就让生活慢一点、庄严一点，颜色也就会多一点。因此，生活中的你，认真对待当下，对待每一餐吧，让阳光、空气、清风、明月、水和食物，都成为生活中趣味盎然的小确幸吧。

例如，盛夏，去海边住几天，每天什么也不做，就是看海和发呆，漫步在沙滩捡贝壳。这样的时光，是用来滋养自己的。

或者趁孩子不在家时，做点自己喜欢的事，看自己平时没时间看的书。

买一束新鲜的勿忘我，插在餐桌上。

每一个闲暇时光要过得郑重又随意，充满仪式感。

或偶尔去听听音乐会，宠幸一下自己的耳朵。

记住，让生活慢下来，让人生丰富起来。

作者

2019年10月

目录

第1章

我们用尽了全力，只为过好这平凡的一生

人生在世，我们穷极一生的时间，都是为了获得幸福，然而，我们不少人却忽视了这一点，盯紧了前方的目标，却忽视了脚下的路，忘却了路边的风景，这样，到了迟暮之年，我们才发现，原来这么努力，还是过不好这平凡的一生。那么，我们如何过好这平凡的一生呢？其实，这需要我们热爱生活，学会用仪式感记录生活，有了仪式感，才能将将就的生活过得精致、幸福起来。

你这么努力工作是为了什么

生活中的你，当夜深人静，全家人都已经沉沉睡去，你可曾思考过这样一个问题：为什么我这么努力工作？是为了生活，还是为了理想？的确，我们努力再努力，也只是为了过好这平凡的一生，只是为了有更好的物质生活，让自己有更多选择的机会。然而，现代社会的生活节奏越来越快，工作压力也越来越大，人们一直马不停蹄地奔走，却忽视了努力工作的真正目的——从容地享受生活。而享受生活的一个重要理念就是——给生活加点仪式感。

不知道你可曾有过这样的感受，辛苦一年，你的出色表现得到了上司的认可，全部门为你举行了一个盛大的庆功会，这就是一种仪式；孩子出生后，你和爱人决定每年为孩子拍一套相片，为的是记录孩子的成长，这也是一种仪式；平淡无奇的婚姻生活让你觉得是时候增添点新鲜感了，于是，在结婚纪念日这天，你为爱人精心准备了一份礼物，这也是一种仪式……大概也只有这些仪式，才让我们觉得忙碌的生活有了意义，也有了努力奋斗的动力。

然而，无数奔波于生活和工作的人经过无数次实践之后，才得出一个至理名言：工作是为了更好地生活，生活就必须工作。看到这两者之间相互依存、无法分割的关系，你一定哑然失笑了吧。生活，远远不只工作一项内容，但工作是生活的意义，也是生活不可分割的一部分，更是实现美好生活的必经途径。

哈瑞是一家外企在中国亚太区的总负责人，从他来到中国的第一天开始，他就下定决心要好好开辟中国市场，所以他也做足了努力工作的准备。

由于中国是新划分的地区，哈瑞很清楚要想给总公司交代，就必须尽快做出成绩。他每天废寝忘食，带着全体员工日夜奋战。为此，员工们纷纷抱怨："咱们就像是机器人一样啊，简直连片刻休息也没有。"对此，哈瑞总是给大家加油鼓劲："为了未来过上好日子，咱们必须拼搏啊。少休息一会儿不算什么，再苦也没有红军两万五千里长征苦啊！"听到哈瑞这个中国通这么说，大家都哭笑不得。

哈瑞不仅盯着大家苦干，自己也废寝忘食。他已经三天没有回家了，一天之中，他除了吃饭睡觉用去几小时之外，都在全心全意地工作。

有天晚上，哈瑞正在加班，居然觉得眼前一阵发昏，感到胳膊有点发麻，他还算有些医学常识，赶紧让同事们送他去医院，还通知了他的妻子。果不其然，哈瑞因为过度劳累，有些轻度脑梗，需要马上治疗。看到妻子关切的眼神和委屈的泪水，哈瑞才意识到自己做错了。他对送他来的同事说："给大家放假一天，让大家都回去休息吧。留两个值班人员就行，轮休。"妻子含着眼泪数落他："你呀你呀，你拼命工作是为了什么呀！你口口声声说为了我和女儿更好地生活，但是如果你突然离开了我们，我们就算有再多的钱又有什么用呢！"哈瑞惭愧地说："急于求成让我忘记了工作的初衷，我对不起同事们，也对不起你和女儿。我以后不会再这样了。"

如今，越来越多的猝死发生在我们身边，尤其是对于那些经常熬夜加班、长期睡眠不足的人而言，患心脑血管疾病的概率非常大，远远超乎我们的想象。最让人痛心的是，这些猝死的人之中大部分都是正值壮年的人，就这么突然离开人世，撇下挚爱的爱人、亲人和年幼的孩子，让人如何不感慨、唏嘘。实际上，很多疾病都是有征兆的，也与生活习惯和工作习惯有着撇不清的关系。我们唯有从现在开始努力寻求健康的生活方式，调整好工作和生活之间的关系，才能在未来的日子里更好地享受生活，也能更加摆正工作的位置。

现代社会，人们生活水平极大提高，已经解决了温饱问题。因而，当你为了实现自身的价值而努力工作时，当你为了改善家人的生活而努力工作时，你应该时刻记得，工作的目的是为了更好地生活，而不是为了毁了生活。

总的来说，当一个人匆匆忙忙地赶路，他很难看到路边的风景，也不会注意到同行者的心情。然而，人生这趟旅程并不在于迫不及待地赶赴终点，而是要慢一些学会欣赏，学会停留，学会慢下来，放缓那颗焦虑的心，学会享受生活，学会与爱人、亲人执手偕老，学会给生活增添一些仪式感。

仪式感能让平凡的日子拥有不凡的意义

仪式感，是现代人经常提及却又经常忽略的一个词。其实，在千篇一律的生活中，我们都需要一份恰到好处的仪式感，让平淡的日子遇见格调的生活。

然而，生活中的我们，经常看到一些人，日子过得浑浑噩噩：住处的房间里四处都是随意乱扔的衣物；锅里随便热下食物就是一餐；忙碌于工作，早就忘了什么是生日、什么是纪念日……慢慢地他们开始学会抱怨生活的枯燥无味，但又不愿做任何改变。

对此，高瑞泽说过："将就的是日子，讲究的才是生活。"的确，我们每个人每天都在过着平凡的日子，但唯有仪式感，才能让这些平凡的日子变得有意义。也许你会说，仪式感需要以金钱作为基础，其实不尽然，忙碌的工作中，你可以早起为自己准备一份美味的早餐；恋爱中的你，可以为恋人准备一束美丽的鲜花；庆生的时刻，为自己准备一份精美的礼物……这一件件小事，都能赋予生活仪式感。

　　小樱结婚后，婚姻生活一直很平淡，和丈夫过着柴米油盐的日子，没有惊喜，也没有礼物，小樱总觉得丈夫对他不如从前了。

　　婚后第三年，她辞去了原来的工作来到现在这家单位。这是一家科研单位，单位很大，人很多，高学历的人也很多，硕士、博士一抓一大把。用小樱的话说，很多在外人眼里的留学博士在这家单位干的也就是打杂的活，当然，熬个几年也就升级了，指挥新来的博士、硕士打杂。

　　那时候计算机还不是很普及，数量也比较少，达不到每人一台，所以就有文印室，自然就有打字员。

　　小樱是本科毕业，也就只能当个打字员。有段时间，单位新来了一个年轻帅气的博士生，经常跑文印室，于是，一来二往，就和小樱熟悉了。那个时候流行蹦迪，年轻的女孩子又都爱玩，小樱虽然已经结婚，但也和这些女孩子一起，经常下了班没事就去蹦迪，也没多少钱，也不舍得乱花，到了迪厅要一杯饮料就一直蹦到凌晨回家。

　　一次，小樱下班后，和往常一样，给老公打电话，说晚上和朋友玩。接着，就和这帮姐妹一起走了。恰巧，那天，这个博士生也在。小樱没有车，他就主动要求小樱坐自己的摩托车，小樱勉强答应了，真是羡煞了其他姐妹。

　　坐在他的摩托车后座上，小樱有种很奇怪的感觉，这种感觉是老公不能带给自己的。小樱脸红了。

接下来的几天，小樱再也不好意思和博士生开玩笑了，她开始躲开他，因为她知道，她不该这样想，她有个幸福的家庭，老公对自己很好，她绝不能对不起老公。但实际上，她想得太美好了。一个星期之后，博士生找到小樱，表明了心迹。他说，即使小樱结婚了也没关系，他会等。这下，小樱手足无措了。

这天晚上，小樱又玩到凌晨才回家。回到家，老公已经睡了。她打开灯，去厨房拿水，却发现满桌子的菜没动，她当时就哭了，跑到房间，抱住老公说："傻瓜，怎么做这么多菜，今天是什么日子？"

"我们结婚周年纪念日啊。"小樱这才想起来，都三年了，想到这些，她更加泣不成声，而她的老公，也不多问，只是搂着妻子，让她尽情地哭。最后，小樱和老公度过了一个快乐的结婚纪念日。

看完这个故事，让人久久思量的是，有多少人的婚姻败在了平淡的琐碎中，如果我们都懂得仪式感的重要性，多表达对对方的爱，就像故事中的这位丈夫一样，相信婚姻更能愈久弥香。

然而，令人悲哀的是，很多人结完婚，会觉得都是老夫老妻的，慢慢地从最初的轰轰烈烈，变得平淡无奇。一段婚姻如果没去经营它，没有一点点的仪式感，当初在一起的初心终将会被琐碎的生活磨得一干二净。

仪式是区别于平常的生活的，仪式为我们保存了很多特别又美好的回忆，还记得在儿时，我们都很期待节日的到来，生日、春节等假日的到来。因为这些日子对我们而言都是一种值得期待的仪式日。

我们身边一些人对这些十分讲究实际："小孩子过什么生日啊，奇奇怪怪的节日瞎凑什么热闹，随便点就好了……"可能对于有些父母而言，做不做这些事，对孩子的爱都不会减少。但对于孩子而言却是完全不一样的感受。在平凡的日子里，偶尔的惊喜和仪式，会给我们的孩子带来足够的亲近感，让他们感受到幸福和乐趣。而父母给孩子的仪式，不仅仅是在特殊的日子，也可以是平常的生活中，上学前的一句"路上注意安全"或者是临睡前的一句"晚安"……这些看似很小的举动，可能都会成为孩子最美好的记忆。

再如，相信每个女孩都向往一场浪漫的婚礼，对婚礼上的很多细节都会有特别的要求，办这么一场浪漫的婚礼其实也是你对女孩的一种仪式。

闲暇之余，我们会邀请三五好友小聚一番，这也是一种仪式，要知道，再好的友情，如果不联络、不交往，都很有可能变成陌路。

总的来说，正是因为仪式感的存在，那些平淡的日子，才会熠熠生辉，重视生活的仪式感，也会将我们逐渐引领成为一个热爱生活的人。那么，从现在起，重视起来吧。

给生活加入仪式感，是对生活的热爱

有人说，生命是一个括号，左边括号是出生，右边括号是死亡，我们要做的事情就是填满括号，要争取用精彩的生活、良好的心情把括号填满。因此，我们每个人都要珍惜今天，热爱生活。而热爱生活的方式有很多种，其中就有给生活加入仪式感，例如清晨给自己煮一杯咖啡，晚上睡前听听轻音乐，或者周末天气晴好的话出去徒步旅行，这都是有仪式感的生活，这是对生活细节的重视，对生活的热爱，相反，那些将生活过得潦草的人通常只是做一天和尚撞一天钟，仓皇度日，这样的人生，怎么会幸福呢？

事实上，没有人会拒绝快乐，这一点我们毋庸置疑，但其实，这需要我们主动热爱和拥抱生活，给生活一些仪式感，这样，我们就能踩着时光的留声机，记录属于自我的那片灿烂星空。

的确，人就是要活出自我，活出自己的风格，多给自己一点点爱，多珍惜自我，像季羡林老先生一样"快乐地活在当下"。因为不懂得珍爱自己的人，也不会真正懂得去爱别人。学会给自己亮丽的心灵画上会飞的羽翼，即使不能飞翔，至少证明我曾爱过自己，推己及人地爱过他人，我们的心地是洁净的。不要不惹尘埃，而是应该把净土留在心底，将爱留给人间。

我们平日里所提到的"仪式感"，就是要让简单平淡的生活变得丰富多彩，这就是热爱生活的表现。这就需要我们向过去告别，大胆走出自我限定的时间。例如，我可以这样：

1.转变心态，用全新的眼光看待世界

生活中，当你能转变心态，用美好的眼光看待世界，当你开始为生活加入仪式感之后，你会发现，每天早上的第一缕阳光是温暖的，空气是清新的，我们的爱人是美好的，工作是积极的，你的生活也是充满无限可能的。

2.走出去，交几个知心朋友

"千里难寻是朋友，朋友多了路好走""朋友是自己成功的阶梯""朋友是人生中宝贵的财富"这些话都说明朋友对人们的重要性，也说明人们对友情的渴望。两个亲密的朋友会无话不谈，即使是在很远的地方也能够感觉到彼此之间的存在，会互相帮助，共同成长。对自己有益无害的朋友，打个比方说，当你不小心割伤了手指，你一定会立刻找创口贴；当你在心里遇到什么不开心的事情的时候，你肯定是需要有人在旁边支持你，给你打气。要很好地处理压力，那你必须有强大的"后备力量"。也就是说，我们只有具备几个可以掏心掏肺的知己，才能在需要他们时，让他们挺身而出。

事实上，日常生活中也充满了交友的机会。例如，在每天上班搭乘的公车里、在图书馆中、在公园中遛狗时……我们经常可以在合适的时刻与人交谈。若有机会（两人每天上班必须搭同一班车），双方就可以进一步成为朋友。即使没有机会，一个微笑、一句问候的话，都可以带给自己和别人一些温暖，让世界变得美好些。

3. 学会倾诉

把你的困扰说出来，你会觉得舒服很多。你也可以找一些可以信任的朋友，一起出去喝喝咖啡，把你的困扰告诉他们。

当然，当一个人独处的时候，如果发现情绪不好，还可以离开家，强迫自己转移注意力，可以随意散散步，或找一个热闹的地方看看风景，把糟糕的心情调整过来。

用心生活，呵护当下的幸福

随着社会竞争的日益激烈，越来越多的人投身于职场，参与激烈的职场竞争，我们努力工作，但久而久之，却忽视了好好生活，我们在不断地透支这些环绕在周围的幸福，直到有一天，当我们意识到这一点的时候，幸福已经悄然远去。

生活中，很多人都要面临家里家外忙碌的生活：繁忙的工作、烦琐的家务，而周末的时间也早已被孩子占去，哪里还有时间思考幸福？哪里还有幸福可言？但实际上，这正是一种幸福：夜深人静，看着熟睡的孩子，你是不是有种幸福感涌上心头？当你每天早上和爱人一起出门，共同为了今天而努力时，你是否感觉到自己正充实地过着每一天？当你来到办公室，被同事们鼓励时，你今天的心情是否因此而大好？其实，这些都是生活中应该被我们重视和发现的仪式感，也是因为这些仪式感，让我们能正视幸福；相反，如果我们不懂得呵护眼前的幸福，那只能眼睁睁看着幸福溜走。

的确，婚姻可以说是绝大多数女人一辈子的事业，家庭则是女人的精神港湾，也是幸福的中心所在。其实，不只是女人，我们每个人都应该懂得经营生活、珍视幸福、重视每一个仪式感，其实，呵护已有的幸福，说白了就是去爱身边的人。

那么，具体来说，我们应该怎么做呢？

1. 享受爱情和家庭

和睦的家庭是我们快乐的源泉，要经常和爱人分享工作与生活中的点点滴滴，彼此关爱呵护，尽力去营造爱的氛围。

2. 珍惜朋友

不少人在成家之后就忽视了和朋友的交往，有一天忽然想找个朋友说说话，拿起电话却不知道该拨给谁，这是悲哀的。无论什么时候，我们都要和一两个朋友保持亲密的联系，偶尔一起去逛街、喝咖啡、爬山，重温旧时的快乐和美好。

3. 偶尔把家变个模样

不管当初设计家的时候你费了多少心思，如果每天打开门时，你看到的都是同一幅景象，时间久了也会产生审美疲劳。不如抽个周末，和爱人或者朋友，把屋里的家具稍微调整一下，你会发现这个熟悉的家突然焕然一新，你的心情也跟着焕然一新。

以上几点，如果我们都能做到，那么，做一个幸福的人就不难，因为幸福不需任何庸俗的东西来做载体，只要你是个有心人。幸福的人也许钱不多，少有闲暇、闲情，但他会珍视生活中的仪式感，会用心智来创造愉悦和激情！

给生活一点精致，过与众不同的人生

生活是什么呢？有人说："生活就是做最平凡的事情。"在现实生活中，在马路边，在大街上，有多少人为了生活而奔波，对他们来说，这就是生活。有人说："生活就是安享晚年。"其实，每个人的生活都不一样，犹如一件瓷器，有的裹着华丽的外衣，有的素雅而淡然。我们可以说，过日子就如同选瓷器，要挑拣最精致的。瓷器是精致的，而我们的生活也应像瓷器般精致。不妨给生活一点精致，让我们的每一天都过得与众不同，可以说，任何一个重视生活仪式感的人，都会将生活过得精致有加。

生活本是一张白纸，需要你自己拿着画笔，一笔一画地勾勒出美丽的风景；生活本是一杯白开水，需要你自己往里面增添甜蜜、幸福、悲伤，调制出五味俱全。生活本来是平平淡淡的，主要看你怎么来经营它。许多人对生活充满了抱怨，总是觉得自己每天除了工作就是睡觉，已经丧失了最初的激情；有的人总是为柴、米、油、盐、酱、醋、茶而担忧，日子过得拮据而无味，看不到希望。

我们发现，现实生活中的不少人，他们忙着上班，忙着挣钱，忙着张罗生活。在忙碌的生活中，他们抱怨着，哭诉着。其实，生活本身没有对与错，关键在于你的心态，你的生活方式。对于那些心态乐观、懂得享受生活、重视仪式感的人，生活是充满阳光的。所以，我们要学会为自己忙碌的生活营造一些小情调，给生活一点精致，与其说是调剂生活，不如说是充实自己、丰富心灵。

王姬是个精明能干的人，拥有MBA学位，曾在好几家大型公司当过副总，有过一段短暂的婚姻，因为性格不合而离婚了。离婚后，她把心思都投入到工作中去，日子虽然过得很忙碌，但是她的生活却很精致。没事她就学学插花、看看电影，那份闲情逸致，让身边的朋友羡慕不已。

王姬出身于一个富商之家，骨子里喜欢有情调的生活。虽然长大后的她整日处于很忙碌的状态，但每到休息之余，她又会过起自己那有情调的生活来。不上班的时候，她就喜欢逛花市，一逛就是一上午，每次回家，不是手捧一把鲜花，就是提一盆花。除此之外，她还经常去学习插花，在老师家里一待就是一下午。如今，她的插花技术日益见长，哪怕是一个很粗糙的瓶子，凭着她的心灵手巧，也能打造出美丽的插花造型。或是放在案头，或是放在居室，她说，那时她就会有美丽的心情。

对于每一个生活忙碌的人来说，精致的生活并不是什么奢侈品，也不需要我们花费多大的精力。当你周末无聊的时候，窝在沙发里翻一本心怡的书，泡上一杯沁香的玫瑰花茶，这时候，生活的情调就会慢慢萦绕在你身边，牵动你内心最柔软的部分，这就是精致。生活需要装点，多点情调、多点精致，让它们充斥生活的每一个角落。

阿丽是一个精致且追求仪式感的女孩子，同时将这份精致融入了她的生活中。她常说自己的理想就是："家里的房子不一定很大，但陈设一定很合理；装修不一定很豪华，但一定很舒适；穿着不一定是名牌，但一定很得体、很干净。"对她来说，越是简单，越是精致，越是舒适，而这恰恰是她想过的生活。

她说："我喜欢自己安排时间做喜欢的事情，其实，这就是精致的生活。"

或许，阿丽一天的生活与大多数上班族的生活并没有两样，但是，她忙碌的一天中有着许多细节，这些看似不经意的生活细节其实就是隐藏在琐碎生活中的精致。

生活中的情调与精致并不是什么昂贵的奢侈品，只是一种仪式感而已，它就如同蒙蒙细雨，从天上屈尊落到地上，滋养着忙坏了的你，使我们每一个日子都是那么丰盈而充满意蕴。情调就是我们与生俱来的情致，是我们骨子里最温柔的情结，是我们通过自己的感官享受和体验生活的一种方式。平淡的生活充满了枯燥、倦怠的气息，压力让我们喘不过气来，其实，这时候需要我们给自己留一点时间，为乏味的生活营造一些小精致、小情调。生活越是忙碌，越是枯燥，越需要精致的点缀。这会在一定程度上为自己减轻压力，消减负荷，让我们烦闷的心情得到放松、得到释放，让我们重新体会生活的美好。

第 2 章
用努力换幸福，生活的仪式感需要你的努力

相信生活中的很多人，尤其是年轻人，都有自己想要的生活——精致、有品质、有仪式感。然而，如果你不是富二代，挣钱又不多，那你拿什么来享受生活呢？你应该趁着年轻，努力一把，而不是安于现状，这样你才有能力为高品质生活买单。当然，努力并非说说而已，你需要给自己制订目标，有一个良好的心态，努力学习，不断充电，对自己想做的事情有一种强烈的欲望。如果你无限渴望去做某件事情，那全世界都会给你正能量。

世界不曾亏欠每一个努力的人

毋庸置疑，每个人都幻想着有顺遂如意的人生，都希望过上有品质、精致的生活，都希望生活有仪式感，甚至希望自己在人生的每一个阶段，都能风生水起。然而，现实情况却是，除了富二代的青春因为有父辈的庇护，能够随心所欲外，大多数普通人的青春，或者是在学校里勤奋刻苦地学习，或者是在人生路途中遭遇坎坷，艰难地跋涉。然而，世界不曾亏欠任何一个努力的人，现在的你还年轻，青春就是应该奋斗的年纪。假如我们在该吃苦的年纪选择了安逸，那么我们未来的人生必然会吃更多的苦头。所以大凡聪明、理智的朋友，在父母的督促下，都会不遗余力地奋斗，为着自己的人生拥有更加美好的未来，不懈地付出。

生活中，不少人羡慕那些明星，认为他们的生活充满各种各样的仪式感，的确，出名早的明星，当然会踩着红毯度过自己的青春，在无数的闪光灯下，在众人的瞩目中，光鲜亮丽。然而，他们不知道的是，明星在很小的时候就开始奔波和奋斗，他们的青春并非不迷惘、不劳累，而是因为他们提前走过了青春的路。这个世界上，从来不会天上掉馅饼，更不会有一蹴而就的成功从天而降。每个人的收获，都有很多付出。没有付出的人生，也必然无法收获。

要知道，并非每个人的成功都是一剂良药，能够那么顺遂和甜蜜。大多数人的成功，都要经过漫长的努力，更要经历坎坷和挫折，最终才能让我们凤凰涅槃、浴火重生。在青春的舞台上，我们无须羡慕他人的成功，更不必模仿他人的经历。每个人都有属于自己的人生之路，我们必须怀揣梦想蹚过青春的河流，才能最终迎来青春最绚烂的绽放。

总之，任何一个取得成功的人，都是因为他付出了超乎常人的努力。一个人要想获得人生的幸福，那么每一天都应该勤奋工作。付出不亚于任何人的努力是一个长期的过程，只要坚持就一定能够获得不可思议的成就。

你拿什么去过想要的生活

生活中的你，是否羡慕这样的生活，在宽敞明亮的房间内，为家人做着早饭，父母窝在舒服的沙发上看着电视，孩子在书房内练习钢琴，爱人下班后给你带来心爱的礼物，这样的生活，大概是很多人想要的，也就是我们所说的有仪式感的生活。然而，要想过上这样的生活，需要我们的努力，在年轻时拼尽全力去奋斗。

　　然而，很多人的人生都被局限在方寸之间，局限在职场的格子间，为此，我们只能踩着脚下的土地，看着头顶那小小的一片天空，却不知道土地之外还有土地，天空之外还有天空。如此局促的人生，必然导致我们视野狭窄，根本无法打开人生的广阔天地，更别说过上自己想要的有仪式感的生活。其实，正如《感恩的心》中所唱的，"天地虽宽，这条路却难走，我看遍这人间坎坷辛苦"。人生之路从来不是一帆风顺的，也没有人的人生能够彻底摆脱苦恼。

　　所以，在漫长而又短暂的人生中，我们必须想方设法让自己过得更好，也让我们身边的人充满希望。唯有如此，我们才能更加从容地应对人生，也才能避免因为那些小小的困难就放弃人生的希望。

　　我们不少人总是羡慕他人的荣耀和光环。其实，要想让自己获得进步，我们更应该发奋努力，这样我们才能在流过汗、流过泪之后，有权利赢得自己想要的生活。除了要付出努力之外，我们还要学会坚持。很多人之所以总是与失败结缘，就是因为他们总是半途而废。要知道，任何成功都不是一蹴而就的，通往成功的道路是漫长的，通往成功的道路也必然艰辛。我们唯有不遗余力地战胜困难，挑战和超越自我，才能获得别人眼中"一夜成名"的评价。

　　朋友们，不要再抱怨自己没有结交好运，没有得到命运的青睐，在关注成功者时，我们与其关注成功者的光环和荣耀，不如用心地了解成功者曾经的努力和奋斗。要知道，我们唯有不懈努力，与命运博弈，才能迎来人生的契机。

在通往成功的路途上，任何的抱怨都无济于事，任何的借口都是白搭，唯有努力才是真刀实枪的本事。努力的人，不用去寻找好运，因为他就是好运。越努力越好运，这确实是一个成功的奥秘。努力本身带给我们有益的东西远远大于成功，在努力的过程中，不断磨炼、不断尝试，到成功那一天，所有的努力都会聚沙成塔，成就自我。

你知道吗？风往哪个方向吹，草就往哪个方向倒。我们要做风，即便最后遍体鳞伤，也会长出翅膀，勇敢地飞翔。努力吧！一个人如果缺少棱角、缺少勇气，无法选择走自己的路，那他只能成为被风吹倒的草。所以，大胆走自己的路，凭借自己的努力，总有一天，你可以过上自己想要的生活。

你不努力，就没有资格抱怨

生活中，很多人抱怨自己运气不够好，抱怨不管什么好事情都轮不到自己头上；还有人抱怨自己得到的太少，父母没有权势，亲戚朋友也帮不上什么忙；还有些人自认为很努力，却总觉得自己的付出没有得到应有的回报，而那些看似漫不经心的人，却总是能够得到命运的青睐，轻而易举就拥有别人想要的一切。如此的抱怨，说得多了，未免让人心生厌烦。就像鲁迅笔下的祥林嫂一样，命运的确悲惨，却没有人愿意永远被掩埋在她的悲情之中。

想反，我们可以发现，那些热爱生活、将人生过得有滋有味的人从不抱怨，而是努力过好当下，努力朝着自己的目标奋进。那些抱怨自己努力了却收获很少的人，不如从现在开始就反思自己，你真的足够努力吗？你看到别人的光鲜亮丽，看到别人顶着成功的光环，只是你从未看到别人在背后默默付出的努力。人生，永远是一分耕耘，一分收获，谁也不能得到命运意外的馈赠。如果你努力得不够，你自然就无法像别人一样成功。当你抱怨命运不公时，命运其实在以独特的方式显示它的公平。当你不够努力时，千万不要大言不惭地抱怨，因为你根本没有抱怨的资格。

几年前，金玲和很多本科毕业的大学生一样，投身于销售行业的大潮中。但作为家里独生女的她被宠惯了，即使开始工作，也始终没有摆脱上学时娇气的脾气，总认为自己刚刚步入社会，工作中的同事和客户应该把自己当成小妹妹看待，不会刁难自己。她总是认为工作没什么难的，完不成任务时对自己的主管哭诉一下就行了。可是，金玲错了。由于她工作不积极主动，她负责的工作业绩直线下滑。当主管找她谈话时，她认为哭诉一下主管就会原谅她。但是，主管不仅没有原谅她，还让她去重新实习。后来，她明白了，在工作中没有人把她当作女孩，只能努力积累工作经验，练就一身过硬的本事，靠自己的实力来说话。

后来，金玲开始不断学习，向那些老同事、业绩好的同事学习销售知识，每天晚上都会自己在家充电，将产品知识背得滚瓜烂熟，果然，在接下来的半年里，金玲的销售业绩一下子排到了前面，主管以及所有的同事都对其刮目相看。此时的金玲终于明白，实力才是硬道理。

接下来短短几年时间，金玲完成了从新手到领导者的完美蜕变。如今的她已经是这家公司的一个中层管理者，她经常对刚参加工作的新人提到她自创的"3+12法则"。所谓的"3+12法则"，就是进入新的企业后利用前3天去适应环境，而之后的12天就用来为自己寻找最佳定位。之后便是设定可行性目标，朝着目标不懈地努力。正是这样的独特法则及职场态度，使金玲获得了职场上的成功。

的确，如今是一个靠实力说话的时代。金玲在职场的经历，正证明了这个道理。有了实力，你才会被重视，在工作中，你的意见和建议才会引起上级的关注。实力可以让你体会到工作的乐趣以及自己创造的价值，最关键的是，可以让你获得幸福感。

很多时候，努力不仅仅表现为付出，也表现为坚持。对于任何人而言，机会都是平等的，区别在于你能否成功地抓住机会，熬到成功的到来。虽然我们都是普普通通的人，我们的人生也没有多么出色和精彩，但是每个人都有自己的命运，也有相对自己而言的成功。从这个意义上来说，我们应该努力地拼搏，这样才能最终成就我们自己。从现在开始，不要再抱怨任何事情。因为一切的抱怨都于事无补，反而会使事情朝着更糟糕的方向发展。如果你真的渴望成功，如果你真的想活出属于自己的精彩，就从现在开始加倍努力吧！当你努力，当你坚持，当你不放弃，成功就会离你越来越近！记住，不够努力的人永远无权抱怨。

为自己制订一个可以带来幸福的目标

关于目标，心理学研究已经证明了目标和成功之间的关系，那就是要成功就必须明确自己的目标。这一点也已经被许多成功人士的亲身经历反复证明。一个目标，一个明确的承诺，可以集中我们的注意力，帮助我们找到达到目标的路线。目标可以简单到买电脑，或复杂到攀登珠穆朗玛峰。心理学家告诉我们，信念是会自我实现的预言。当我们背上行囊准备出发时，我们就已经相信自己可以到达目的地。

同样，生活中的你，如果想过上自己想要的生活，就要有一个明确的可以带来快乐和意义的目标，然后努力地去追求。然而，人的精力毕竟是有限的，现实生活中，不少人面对工作和生活的双重压力，觉得平衡这一关系简直比走钢丝还难，摇摇晃晃，甚至走得胆战心惊，还免不了"失足"的结局。他们可能会发出这样的感叹：如果要设定幸福目标，那就应该远离烦琐的生活、拥有充足的物质财富、获得令人羡慕的社会地位。但这样真的是幸福吗？关于这点，我们也会质疑：金钱是否对我们有意义，而声望是否可以带给我们快乐呢？其实，对物质的追求和需要被关注的心态，都是人类的本能反应，对于一些人来说甚至是最重要的。既然这样，在我们追求幸福的过程中，只注重财富和声望是不是就够了呢？

当然，我们也必须承认，想要让生活过得有仪式感，物质是我们脱离不了的，我们也不是不食人间烟火的圣人，要我们完全不追求物质和生活是违背现实的，物质上的东西不是不重要，有足够的钱来满足食物、住所、教育和其他基本需要当然重要。但是，在基本需要之外，如果是以追求幸福为前提的话，财富和声望则不应该是追求的核心。

在某些情况下，财富也可以是自发性的目标，但前提是它必须对我们的幸福有所贡献。有些人赚大钱并不是真的要用到自己挣的每一分钱，有时是因为钱是他们努力的奖赏，也是他们实力的证明。在这种情况下，财富代表了一个人成长的成果，而不再只是金钱的数量。

事实上，生活中多数普通的人，不得不为生活奔波，他们上有老下有小，那他们该如何在这种"世俗"的追求中寻找幸福呢？我们先来看下面的故事：

小风是IT界的精英，在她的周围工作的同事多半都是男性，他们在闲暇的时间，要么是玩游戏，要么是上网，但小风不一样，她有很多爱好和兴趣。从小喜欢运动的她把高尔夫球和网球变成业余时间活动的两大内容，也因此交到了更多朋友。她说："女孩要有情趣与爱好，这样你才不容易偏激和单调，才可以更好地调节工作情绪。"

生活总是平淡而真实的，工作总是紧张而枯燥的，小风却始终保持着对生活的新鲜感，她说："我总是在想办法给自己减压，没有人逼着你非要做到哪一步，是你自己在逼迫自己。换一种方式跟别人讲话，换一个角度处理问题，一切就会改变。如果你什么都喜欢，都乐于参与，你就会活得有滋有味。"

人不是机器，不可以连轴转，有句话说得好："只有会休息的人才会工作。"上面故事中的小风就是一个懂得忙里偷闲的人。其实，正如她所说："没有人逼着你非要做到哪一步，是你自己在逼迫自己。"

所以，我们任何人，都要学会放平心态，要注意调整工作节奏，这是一种优雅、愉悦的工作境界。时间是我们的一切，它使我们在地球上享有一片空间，我们不必为了过完它而去填补它；时间不是金钱，是不能储蓄的，时间也是无法重来的，因此要学会去享受它，这样才能拥有美好的生活。

追求自我和谐的人，通常不但能更成功，而且可以比别人更幸福。扪心自问，哪些是自己在生活中真正想做的事，并写出来，诸如与其他人搞好关系或工作等。然后，在每件事的下方注明以下内容：

1. 长期目标

长期目标也就是地基型的目标，从1年到30年都可以。长期目标应该是一些有挑战性的目标，让你发挥潜能的那种目标。长期目标是为了让我们能够享受旅途上的快乐，激发我们自身的潜力，实现与否倒在其次。

20世纪70年代出生的女作家赵波这样说过："女孩味就是透明、自然、不做作，从内而外散发着可以激发你想象的东西。我特别恐惧把一个个的个体变成统一整体中的一分子，没有个性，大家都一样地生活，因此选择了写作。我在家工作，自己安排时间，很多时候我比上班的人工作得要辛苦，时间要长，但因为完全是我自己控制，所以很享受。"这大概就是她曾经的目标。当然，她实现了。

2. 短期目标

短期目标是为了分段消化长期目标。对于自己的长期目标，你要清楚在未来的一段时期，自己要怎么做。

3. 行动计划

在未来的日子里，你需要做些什么来实现目标呢？给自己拟订一个行动计划，无论是每日的还是每周的（这些就是你即将要养成的习惯）或是一次性的都行。

不为自己设定明确的目标，我们很容易就被外界所影响，转而追求那些很难达到自我和谐状态的目标。我们总是面临两个选择，即选择被动地受外来因素所影响，或是主动地去创造属于我们自己的生活。或许有一天，你和平常一样从窗口望出去，正好看见被风吹动的蒲公英飘到你的面前，你将会有不同的感触。优雅、惬意、充满仪式感的生活就掌握在你的手中，往日已逝，未来不可测，选择有仪式感的生活，你就是幸福的。

唯有努力，才能改变命运

在生活中，我们总是纳闷：为什么有的人就是比其他的人成功，赚更多的钱，拥有不错的工作，更过上自己想要的充满仪式感的生活，而许多人忙忙碌碌地劳作却只能维持生计。在懊恼的时候，我们应该清楚，人与人之间并没有太大的区别，可能唯一不同的就是前者努力改变命运，后者甘于现状。

一位伟人说："要么你去驾驭生命，要么就是生命驾驭你，你的心态决定谁是坐骑，谁是骑师。"一个庸庸碌碌的人，往往受到事情的驱使，最终成为机械化的人。他们马不停蹄地工作，从而产生了烦躁的情绪，负面的情绪也随之涌来。其实，生活中的快乐是很容易找到的，关键在于我们的内心感触。用内心的细腻去感触那些隐藏在生活中的点滴快乐，你的情绪就会变得好起来，与此同时，你的心态也将变得积极而乐观。

一位父亲带着儿子去参观梵·高故居，在看过那张小木床及裂了口子的皮鞋之后，儿子问父亲："梵·高不是百万富翁吗？"父亲回答说："梵·高是位连妻子都没娶上的穷人。"第二年，这位父亲带儿子去丹麦，在安徒生的故居前，儿子又困惑地问："爸爸，安徒生不是生活在皇宫里吗？"父亲答："安徒生是位鞋匠的儿子，他就生活在这栋阁楼里。"

这位父亲是一个水手，他每年往来于大西洋各个港口，儿子名叫伊东·布拉格，后来，他成为美国历史上第一位获普利策奖的黑人记者。

20年后，在回忆童年时，伊东说："那时我们家很穷，父母都靠苦力为生。有很长一段时间，我一直认为像我们这样地位卑微的黑人是不可能有什么出息的，好在父亲让我认识了梵·高和安徒生。这两个人告诉我，上帝没有轻看卑微。"

其实，在很多时候，是那些出身卑微的人自己看低了自己。虽然，相貌、家境等先天条件都是无法改变的，但至少我们的心态是由自己控制的。只要我们奋发向上，努力向前，就能改变命运。

财经作家吴晓波说："每一件与众不同的绝世好东西，其实都是以无比寂寞的勤奋为前提的，要么是血，要么是汗，要么是大把大把的曼妙青春好时光。"如果我们倾力付出自己的努力，那早晚会从量变到质变，你现在走的每一个脚印，都会成为将来实现人生飞跃的跳板。有些人总会订下许多计划，看书、运动、旅行等，不过常常因没有时间而不得不放弃。难道你的生活真的有那么忙吗？真相到底如何心知肚明，别总拿忙和没时间当借口，那不过是在为自己的懒惰找理由而已。你若坚持努力，一定会发光，因为时间是所向披靡的武器，聚沙成塔，将人生一切的不可能都变成可能。

第 3 章
你怎样度过一天，就会怎样度过一生

　　现代社会中的人尤其是那些努力工作的人，就如不停旋转的陀螺一样，从未停歇过，但这样的人生真的是你想要的吗？其实，人生的路并不长，我们最大的幸福莫过于好好活着，珍惜今天，将每一天都过得有滋有味。因此，我们每个人，都要做到认真、充实地过好每一天，努力工作和学习，但同样也要享受人生、享受生活，如此才能更好地投入工作中。

每天醒来给自己一个微笑，告诉自己很快乐

人生在世，短短数十载，人们穷其一生，都在追求快乐，因为只有快乐才是人生幸福的唯一标准。然而，什么是快乐呢？一般字典上对快乐下的定义多半是：觉得满足与幸福。德国哲学家康德则认为："快乐是我们的需求得到了满足。"的确，快乐是一种美好的状态，也就是没有不好或痛苦的事情存在，你觉得个人及周围的世界都挺不错。然而，与快乐相伴相生的，还有痛苦，快乐与痛苦，是生活中永恒的旋律，谁也不敢保证自己时时刻刻都是幸福和快乐的，我们应看重的不是多少痛苦，多少欢笑，而是在痛苦和欢笑时的选择。你选择快乐，快乐自然就会选择你。

要想获得快乐很简单，重要的就是我们每天醒来第一件事就是给自己一个微笑，告诉自己很快乐，那么，你这一天就是快乐的，给自己一个真诚的微笑，也是我们每天都需要的第一个仪式。

的确，常言道，一年之计在于春，一日之计在于晨。对于每个人而言，每天早晨的好心情，往往决定了一天的好心情，所以在早晨醒来之后，我们要做的就是远离起床气，不要愁眉

不展，而是要睁开惺忪的睡眼，给镜子里的自己一个真诚的微笑。也许有些朋友会觉得这是形式主义，殊不知，这样的形式如果做得好，会让我们一天都笑容满面，心情美美的。

不得不说，对于人生的每一天而言，也许会有很多重要的时刻，但是每天早晨起床后和晚上入睡前这两个时间，却是非常重要的时刻。这就像是语文里常用的括号一样，每天早晨是左括号，晚上是右括号，如果开头和结尾都很愉快，那么我们这一天之内哪怕面对一些困难和突发的意外，也能够顺利解决，从而不把坏心情带到睡梦中。同样的道理，也唯有早晨起床就拥有好心情，我们这一天的心情才会拥有愉快的基调。

大名鼎鼎的作家梭罗，每天早晨起床之后的第一件事情，就是告诉自己能够活着是非常幸运的事情，从而让自己对于生活心怀感激。实际上，我们每个人都应该对于生命心怀感激，哪怕命运赐予我们再多的磨难，我们也应该为自己每天能够呼吸新鲜的空气、闻到花的香味、吃到美味的食物、感受阳光的照耀而沾沾自喜。

实际上，命运并不总会对一个人残酷，每个人都能够得到命运的青睐，感受到命运的美好。每天清晨醒来，看到从窗帘中投射过来的阳光，我们会庆幸自己依然活着，也会感受到人生的美好。和朋友相处，哪怕是朋友一句漫不经心的关切，也会让我们感到来自朋友的温暖。偶尔帮助了一个需要帮助的人，我们会更加深切地感受到自己存在的价值。总而言之，生命的意义在于我们的一举一动，我们唯有满怀感激地面对生活，也从不因为命运的残酷而抱怨，或者心生放弃之意，我们的人生才会更加丰满和厚重。

为了更好地接纳和拥抱生活，我们必须学会遗忘那些不愉快的过往，每天早晨醒来时都对着镜子里的自己微笑，每天晚上入睡前，也能怀着愉快的心情。总而言之，要想成为一个快乐的人，我们必须学会遗忘过去，从而更好地拥抱未来。尤其是对于那些生活的琐碎之事，我们更要坚决果断地说再见，而不要让那些情绪的垃圾堆积在自己的心里，导致自身郁郁寡欢。

实际上，每个人，自打来到这个世界上，就已经学会了微笑，但随着年龄的增长，随着周遭事物变得复杂，我们似乎已经忘了自己的这个本能，我们总是会给自己找一些借口：职场人士说自己每天需要应付很多工作；领导者们总说自己为企业的事操碎了心……尤其在陌生的环境里，微笑最容易被我们忽略。

如果你的微笑可以活泼一点的话，将更能表现你的真诚与快乐。无论是简单的一句"谢谢"还是"对不起"，你都要言必由衷。一旦你的言辞能自然而然地渗入真诚的情感，你就拥有了引人注意的能力。

朋友们，从现在起就让快乐充满我们的心灵，也让我们的脸上始终挂着微笑吧。微笑，愉悦的不仅是我们自己，也有他人。当我们满面微笑，我们身边的人也会感受到积极向上的力量，感受到你是快乐的、有趣的，从而与我们更加亲近起来！

关注健康，养成良好的生活习惯

我们都知道，人的天性，都是追求快乐而逃避痛苦的，而人们获取快乐的一个重要的方法便是享乐。我们发现，随着物质生活的提高和科学技术的进步，一些人被周围的花花世界所诱惑，一有时间，他们置身于灯红酒绿的酒吧、歌厅，每一餐都是大鱼大肉、暴饮暴食，时间一长，不但他们的心无法平静，身体的健康也亮起了红灯。现代社会，随着物质生活水平的提高，要想练就一个健康的体魄，我们更要养成健康的生活习惯。

的确，不少人，尤其是年轻人，认为自己的身体不错，但如果观察一下他们的生活习惯，就会发现很多问题。早上若是觉得不怎么饿，就干脆不吃早餐，也省去了麻烦；如果想吃早餐，不过是去小摊买点油炸食品。中午休息的时间太短了，直接在快餐店点份午餐，匆匆解决掉。晚上三五好友一起喝酒、聊天、吃火锅，玩得不亦乐乎，直至深夜还在街上吃夜宵，然后才回家。这样的生活虽然说不上滋润，却也过得十分惬意，但却为自己的健康埋下了隐患。

梦洁刚刚大学毕业，在朋友的帮助下找了一份不错的工作，薪水不少，唯一不足之处就是太忙了，忙得几乎没有睡觉的时间。所以，早上为了能赖十几分钟床，她索性省去了早餐。有时，闻着隔壁小吃店的美味，也会忍不住买东西。但她酷爱油炸食品，觉得其他食物寡淡无味。

中午，别的同事都出去吃饭了，梦洁还在公司里忙碌着，经常点外卖，吃着快餐店的饭菜，她都分辨不出什么是美味与难吃了，只要能吃饱就好了，这样下午才有力气工作。在她看来，中午这顿不用花多少心思，因为白天大家都忙，还不如留着肚子晚上吃个痛快。

傍晚，梦洁结束了一天的工作，邀请几个好朋友去酒吧玩，喝酒、唱歌、跳舞……好像要把白天工作带来的负荷都摆脱得一干二净。每次都玩到很晚大家才散去。因为在酒吧只顾着喝酒，梦洁这时候才发觉饿了，于是又吃点路边的烧烤或回家煮包方便面。

她从来没有觉得自己的饮食有什么问题，直到她最近觉得身体不太对劲。当医师把"亚健康"这个词抛给她时，她有些不相信，自己才刚刚大学毕业，正值青春年华，怎么会处于亚健康状态？医师笑着说："就是你们这个年龄，自认为年轻，身体好，就不珍惜身体，不注意饮食。你们要特别注意自己的饮食习惯，否则迟早会引发身体疾病。"

或许，不少人身上都有梦洁的影子，不注重饮食健康，最终影响身体的健康。因此，我们要舍弃不良的饮食习惯，摆脱疾病的困扰，让身体恢复健康。当身体处于健康状态时，心情自然也会好起来。

事实上，任何一个热爱生活、热爱生命的人，都关注健康，他们绝不放任自己、挥霍健康，同样，为了养成一个好的身体，我们需要做到：

1. 早睡早起

这一点是很多人都不能做到的，正因为如此，才是生活中应该养成的良好的生活习惯。人只有生物钟准时了，符合规律了身体才能健康，工作才能稳固。

2. 保证充足的睡眠

睡眠是大脑休息和调整的阶段，睡眠能保持大脑皮层细胞免于衰竭，使消耗的能量得到补充，大脑皮层的兴奋和抑制过程达到了新的平衡。良好的睡眠有增进记忆力的作用。我们每天应保证8小时的睡眠时间。同时要注意睡觉时不要蒙头，因为蒙头睡觉时，随着棉被内二氧化碳浓度的不断升高，氧气浓度不断下降，大脑供氧不足，长时间吸进污浊的空气，对大脑损伤极大。

3. 营养均衡的膳食

健康的生活习惯离不开健康的饮食习惯，这需要我们在饮食的营养搭配上多下功夫。保持每天健康饮食，早餐吃饱为好，应吃豆浆或牛奶，外加一个苹果，不要吃油条，尽量少去早餐店吃饭，可以在家弄点全麦面包或馒头和花卷等；午餐可以吃点鸡肉、鱼肉和粗粮；晚餐吃六七分饱就可以了，但一定要杜绝油炸食品，而且不要喝酒，睡前可以喝点牛奶或红葡萄酒。从现在开始舍弃那些不良的饮食习惯吧！选择健康的饮食习惯，塑造健康美丽的形象。

如果你的身体出现了某些疾病的征兆，也可以利用食物来调节。如果感觉烦躁且失眠、健忘，可多摄取一些含钙和磷的食物，如大豆、牛奶、橙子、葡萄、土豆和蛋类；如果觉得神经敏感，那就多吃蒸鱼，还要适当加一些绿色蔬菜，少量喝点葡萄酒；如果觉得体质虚弱，就多吃炖鱼，吃饭前可以小睡一会儿；如果整天对着电脑，觉得眼睛疲劳，可以在中午吃一份鳗鱼或韭菜炒猪肝；如果觉得大脑疲劳，可以吃点坚果类，如花生、瓜子和核桃，可以健脑，增强记忆力。

4. 健康身体"动"出来

要想塑造健康又有形的身体，自然离不开运动。许多人抱怨工作太忙，没有时间运动，其实，只要有运动的决心，时间会有的，而且运动可以在日常生活中随时进行。例如，饭后散散步、做做清洁、跳舞或爬楼梯等都是不错的运动。也许有人会问："爬楼梯也算运动吗？"爬楼梯真的是一项运动。现在，一般的住宅区都安装了电梯，虽然这为人们省去了爬楼梯的麻烦，但一定程度上也减少了人们的运动量。有的人哪怕住在三楼，也会选择坐电梯而不是爬楼梯。所以，这时爬楼梯就成了一项运动。

5. 不要带病用脑

在身体欠佳或患各种急性病的时候，就应该休息。这时如仍坚持用脑，不仅效率低下，而且容易造成大脑的损伤。

6. 多读书

闲暇时我们不妨多花点时间看书、学习，不断地充实自己，不仅能让我们在未来激烈的社会竞争中立于不败之地，也能让我们远离嘈杂的人群、内心清净。

总之，养成良好的生活习惯，法宝在我们自己手中，按照以上几点来生活，相信我们也能拥有强健的体魄。

提升生活品质，会赚更要会花钱

不得不说，很多时候，我们努力工作，是因为想要赚取更多的钱，最终的目的当然是为了提高生活的质量，为过上有仪式感的生活提供坚实的物质基础，当然，我们并不是说，有仪式感的生活一定要大量的金钱和物质保证。然而，对于大多数人来说，他们知道赚钱不易，所以花起钱来会非常仔细。当然这并没有什么不好，但是如果过于节俭，往往会因为省钱而降低了生活质量。

菲菲之前是公务员，生活稳定，收入也不错，小日子过得有滋有味。可是她却不满足，不顾家里人的反对毅然决然地丢掉了手里的铁饭碗，下海做起了化妆品生意。由于没有足够的经验，刚开始她把自己苦苦攒起来的10万元赔了个干干净净。

但是，她并没有因此气馁，而是总结经验，经过多方筹措，把生意坚持了下来。由于她的不断学习和努力，生意终于慢慢地步入正轨。每个月少说也有2万多元的纯利润。这时候，那些曾经反对和嘲笑她的声音渐渐消失了。

可是，赚了钱之后的菲菲越发显得穷酸。她已经好几个月没有给自己添置新衣服了，自己用的化妆品也是最便宜的，只要听说哪里有打折优惠，她会拼了命去抢购。之前做公务员的时候，她是从来不会这么做的。

同样，她在家里的消费上也是如此。给孩子买的衣服越来越便宜，平日里做饭买菜也是挑最便宜的买。她这么做，引起了老公的强烈不满。

这天，他对菲菲说："我就不明白了，你做生意也赚了不少钱，可是咱们的生活质量怎么越来越低了啊？"

菲菲说："你懂什么啊，以前我们手里的钱有限，可总是在扮大款，花起钱来没个谱，挣的钱全花了。当我做生意失败的时候，我才发现我是多么需要钱。你没有经历过，你不会明白的。"

看着菲菲慢慢沦为"守财奴"，老公说："菲菲，你当初为什么要下海呢？"

菲菲理直气壮地说："当然是为了多赚钱啊。"

老公接着说："那么，赚钱是为了做什么？"

菲菲白了一眼老公说："当然是为了提高生活质量。"

老公说："可是，现在你赚了钱，我们的生活质量却越来越低了。"

菲菲想了想，没有再反驳。从那以后，他们的生活慢慢发生了变化，菲菲又变回那个漂亮能干的女孩。

故事里的菲菲赚了钱，却变成守财奴，不但没有提高生活质量，反而由于过度节省降低了生活质量，引起了丈夫的不满。可见，对于注重生活仪式感的你来说，赚钱的同时还要学会花钱，这样才不会背离赚钱的原始目的，才能让你赚起钱来动力更大。那么，我们该如何做才能既会赚钱又会花钱呢？

1. 赚了钱要敢于花钱

赚钱并不容易，所以不少人总是担心手里的钞票会消失掉，总是不敢花钱，赚的钱越多越不敢花钱。就像故事中的菲菲一样，变成不折不扣的守财奴。事实上，这样一来，你就会变成钱的奴隶，甚至会为了赚钱不择手段，这就是金钱的邪恶性。所以，我们一定要明白赚钱的目的，是为了获得更多的支配权，而不是被钱支配。

2. 把钱花在关键地方

对于一些必须花钱的地方，我们一定不能节省，例如为自己增添新衣服、为家里改善伙食等，因为这些直接与生活的质量相关。如果在这些地方节省和克扣，往往会让周围的人觉得你有江河日下的感觉，同时，这也会对你的生意带来影响。所以，在关键的地方一定要花钱，而且要花得物有所值。

3.非必要的钱可不花

很多时候，我们在消费时并不是理性的，许多东西买了又没有多大的用处，反而会让你支出很大的一笔钱。因此，我们在消费的时候一定要多想几遍，如果没有必须买的理由，那么最好别去购买，买了你就会后悔。这样一来，不但可以节省开支，而且又不影响生活的质量。

积极勤奋，每一天都做最好的自己

前面一章，我们分析过，幸福是需要我们用勤奋来换取的，生活的仪式感也需要我们用努力来实现，然而，这需要我们细化到每一天的积极勤奋中。要知道，成功的道路从来不是平坦的，而是坎坎坷坷、荆棘满地，而成功唯一的途径就是不断努力、勇往直前，每一天都做最好的自己。

我们都知道，在这个世界上，从来就不会有天上掉馅饼的美事，即使真的有，你也会因此而付出一定的代价。生活中，多少人梦想着一夜致富，或一夜成名，梦想着过上自己想要的生活，但是，那不过是痴人说梦，不努力怎么会有所得呢？相反，那些真正富有的人，他们光鲜的背后有着不为人知的艰辛付出。因为他们相信努力、勤奋的力量，成功没有捷径，为此，他们会认真、努力地过好每一天。

的确，懒惰是最大的罪恶，上帝永远保佑那些起得最早的人。只要你把握好当下的每一天，珍惜时间努力提升自己，把所有的设想、计划、要求、标准都付诸行动，你的人生境界就会获得一个质的提升。

同样，我们生活中的每一个人，对于自己的未来，都满怀信心，并树立了伟大的理想，理想能指导行动，让你的努力有一个明晰的主线，但对于未来的憧憬，你必须落实到今天的努力中。如果你每天都在展望自己的未来而不踏实工作、生活的话，那么，只能让心智沉浸其中，只会陷入人生的陷阱。

有首古诗说得好，"明日复明日，明日何其多；我生待明日，万事成蹉跎"。我们任何一个人，都应该把眼光着眼于当下，只有把每一天过得实在有意义，把每一天的学习任务及时完成，才能在每一天悄悄地成长，慢慢地长大。当你回过头来的时候，你会惊讶地发现，原来自己的每一天过得是这样的充实，你会为自己感到骄傲和自豪。

约翰·霍普金斯学院的创始人威廉斯勒曾经是英国医学院的一名学生，他的成功来自老师一句话的启迪。

那还是1871年春天的事情，那时候，威廉斯勒正处在心情烦躁之中，因为他不知道如何处理远大的理想和具体的身边小事之间的关系，也不知道如何做事才能成功，于是，他去请教他的老师。老师告诉他："最重要的，就是不要去看远方模糊的，而要做手边最具体的事情。"他这才恍然大悟：是啊，不论多么远大的理想，都需要一步步实现啊；不论多么浩大的工程，都需要一砖一瓦垒起来啊。

也就是从那一天开始，威廉斯勒开始埋头读书，两年以后，威廉斯勒以全校最优异的成绩毕业。毕业后来到一家医院做医生。他认真对待每一个患者，对每一次出诊都一丝不苟。兢兢业业的态度和精益求精的精神，使他很快成了当地的名医。几年以后，他创办了约翰·霍普金斯学院。他把自己的人生态度贯彻到每一个细节里。许多专家、学者慕名来到他的学院工作，使他的学院很快成为英国乃至世界知名的医学院。威廉斯勒总是告诉身边的人：最重要的是把你手边的事情做好，这就足够了。

威廉斯勒为什么能成功？因为他从老师的话中悟出一个道理：一个人，只有踏实努力地过好每一天，把自己的人生态度贯彻到每一个细节中，由量的积累达到质的飞跃，才能将理想化为现实。

现代社会，知识改变命运这个道理早已毋庸置疑，时代正在急速发展，各种技术日新月异，已经对生活在这个时代的人提出了新的学习要求，但无论何时，勤奋永远是我们应该摆在第一位的学习态度。如果你没有时刻学习的意识，不通过学习掌握新技术，那么你跟不上时代的发展是必然的。

为此，你必须做到两点：

1. 紧紧抓住时间骏马的缰绳

一个人只有珍惜当下、充分利用好当前的时间，才能真正避免白首方悔读书迟，只是置身于对未来的向往中看似是珍惜时间，实际则是在浪费生命。要知道，未来再美好，若不注重脚下的路，你也走不到未来。

2. 科学地安排时间

会安排时间的人，会把最重要的事安排在头脑最清晰的时间段，这样就会事半功倍。俗话说"好钢用在刀刃上"，在时间的安排上亦是如此。

的确，今天不过去，明天就不会来到，再伟大的理想，如果没有一天天地累积，也会倾塌。在生活中，输得最惨的往往是些聪明人而不是笨人。原因就在于笨人知道自己不够聪明，只能靠苦干、实干才能创造好的生活，最终他们如愿以偿。而聪明人做事时则不肯下力气，总想着耍小聪明、投机取巧，所以往往输得很惨，所以智慧和实干比起来，实干更加不可或缺。

我们每个人，若想获得一个成功的人生，不仅要积累基础知识，更要修炼成功的素养，心态改变命运，活好当下，全身心投入你现在的生活和学习才是基础。未来靠的是现在，现在做什么、怎样做、要达到什么目标，才能决定未来。因此，你要记住，不要急功近利，努力、认真过好每一天，明日自然就会来到；如此持之以恒，5年、10年过去时就会结出硕果。

在当今这个生活节奏紧凑的年代里，人们似乎每天都没有充余的时间去做完想做的事，所以许多念头就此打消了。但世界上仍有许多人用坚持每天至少挤出一小时的时间发展自己。

累了，就美美地睡一觉吧

我们都知道，现代社会，人们为了生活四处奔波，工作和生活的压力常常使得我们喘不过气来。人们急切地希望寻找一种能帮助自己减压的方法。于是，市场上各种付费方法应运而生，诸如，维生素药剂、各种放松疗法等，我们不能否定这些疗法的功效，但最好的养生方式是睡觉。

因此，生活中的人们当你感到身心俱疲时，给自己多一点时间睡觉，你就能快速恢复、获得力量。这是因为，在睡眠期间，人体各脏器会合成一种能量物质，以供活动时用；人处于睡眠状态时，体温、心率、血压下降，部分内分泌减少，基础代谢率降低，也能使体力得以恢复。

那么，人为什么要睡觉？睡觉是人体休息的一种方式，也是一种生理反应。几乎每个人，在忙碌了一天后，都希望能美美地睡上一觉。可以说，一辈子不睡觉的人是极少的。白天，我们的大脑是兴奋的，但忙碌太久后，大脑皮质内神经细胞就会产生抑制的作用，如果这种作用占优势的话，也就想睡觉了。这一抑制作用是有效的，是为了保护神经细胞和大脑，进而让我们第二天有精力继续工作。

可以说，当人们累了的时候，睡觉是最好的休息方式，能使大脑受益。

德国卢比克大学的JanBorn和他的同事对此进行了一项研究，实验对象有106人，他们的受训任务是将一系列繁杂的数字通过等式转化为另外一种形式，而他们并不知道其中隐藏了一些计算诀窍，经过良好的睡眠后，参与者发现这种诀窍的概率从23%提高到59%。也就是说，睡眠是非常重要的。

好好睡觉不但可以恢复身体机能，还能治病，然后，睡觉这么简单的事，在现代人看来，却成了"奢侈品"。有资料显示，目前我国睡眠障碍患者约有3亿，睡眠不良者竟高达5亿！美国国家睡眠基金会一项调查则指出，现代人的睡眠比生活在19世纪初的祖父母们要少2小时12分钟。

实际上，抵抗疾病的第一步就是高质量的睡眠，法国卫生经济管理研究中心的维尔日妮·戈代凯雷所做的一项调查表明，缺觉者平均每年在家休病假5.8天，而睡眠充足者仅有2.4天。前者给企业造成的损失约为后者的3倍。

据德国《经济周刊》报道，缺乏睡眠会扰乱人体的激素分泌。若长期睡眠不足4小时，人的抵抗力会下降，还会加速衰老、增加体重。哪怕只是20分钟的小睡，也能让你像加满油的汽车一样动力十足。接下来，我们总结一下睡眠的好处。

1.睡眠有利心脏健康

在希腊有一项关于睡眠的研究，有两万多人参与，研究结果显示，一周内至少有三次30分钟午睡的人患心脏病的风险降低37%。此外，难治性高血压、糖尿病等，也都与睡眠密切相关。

2.睡眠可以减压

研究表明，睡眠可以降低体内压力激素的分泌。每当感到压力大的时候，即使打个小盹，也能让你迅速释放压力，提高工作效率。

3.睡得好，能让你更聪明

德国睡眠科学家在英国《自然》杂志上撰文指出，好的睡眠质量能增强创作灵感。这是因为经过睡眠后，人的脑细胞得到储存，大脑耗氧量开始减少。醒后人的大脑思路开阔，思维敏捷，记忆力增强。

4.睡眠是最便捷、省钱的美容方式

人睡着时，皮肤血管完全开放，血液充分到达皮肤，进行自身修复和细胞更新，起到延缓皮肤衰老的作用。睡眠不足还会导致肥胖，药物减肥远不如睡个好觉更有效。

5.适当"多睡"是一味治病良药

可能我们也发现，在医院里，医生都会经常嘱咐病人要多休息。中医更强调治病要养病，而睡眠就是最好的调养方式。

这味"良药"的生理机制是：当人们生病时，身体会受到感染，而此时，会产生诱发睡眠的化合物——胞壁酸，它除了诱发睡眠外，还可增强抵抗力，促进免疫蛋白的产生，因此睡眠好的患者病情痊愈也快。举例来说，高血压患者每天要保证7~8小时的睡眠，老年人可适当减少至7小时；对心脑血管患者来说，中午小睡30~60分钟，可以减少脑出血发生的概率。

6. 睡眠还能延长寿命

正常人在睡眠时分泌的生长激素是白天的5~7倍。美国一项针对100万人、长达6年的追踪调查表明，每天睡眠不足4小时的人死亡率高出正常人180%，而充足的睡眠有利于延长人的寿命。

总之，睡眠可以消除身体疲劳。在身体状态不佳时，美美地睡上一觉，体力和精力很快会得到恢复。

第 4 章
让每一个平凡又普通的日子，都过得精彩纷呈

提到仪式感，不少人认为就是要有奢华的物质生活，就是出入高档场所，就是要有高档次的衣食住行。其实不然，仪式感是对点滴生活的热爱，是一种积极向上的心态在生活中的体现，是让今天区别于其他平凡日子的一种方式，所以，只要我们过好当下的每一天，努力向上，朝着自己的理想奋进，就是对仪式感的最大敬畏。

什么才是真正有仪式感的生活

生活中的你，可曾问过自己这样一些问题：上次你和爱人看电影是什么时候？你有多久没有陪孩子去郊游了？你有多久没有好好吃一顿有滋有味的饭？上一次畅聊到没有人拿起手机的聚会、难道是在20世纪吗？你是否觉得自己的生活缺了些什么？没错，缺的就是仪式感。

那么，什么是仪式感呢？对此，不同的人有不同的看法。

一些人认为，开名车、住豪宅、穿着高贵的礼服，进出高级的西餐厅，喝着好年份的红酒，才叫真正有仪式感的生活，其实平凡生活里的平凡人，也能拥有这样的生活。

有时候，生活的仪式感，根本无须很多物质做基础，细碎而又普通的小事在生活中比比皆是，它同样能给人带来感动和快乐。

初见凌琳，她拥有南方女孩温婉、娇小和可爱的特质，个性率直。她说："我生活快乐的指数一直都很高。"因为个性乐观积极，她每天都过得很充实。凌琳说："把每一天过得有仪式感，是我对人生的期待。"仔细观察她，她双眸闪亮，脸色红润，笑起来露出两个小酒窝；再化个淡妆，自然却动人。她并不是那种让人一见倾心的女孩，但却会给人一种很舒服的感觉。

凌琳的性格很好，她善解人意，活泼开朗，喜欢笑。或许因为常年与文学做伴，偶尔会有点伤感，但是感伤过后，她又会安慰自己："世间本无事，庸人自扰之。"

大学毕业后，凌琳选择留在南方的那座小城市，吸引她的是湛蓝的天空，广阔而宁静的海湾，她渴望在这座美丽的城市过自己想要的生活。忙碌的工作之余，凌琳会邀请三五好友，爬爬山、泡泡茶、聊聊天或做做家务，将快乐融入每天的平凡与琐碎中。在凌琳看来，这就是幸福。谈到她的兴趣爱好，凌琳回答："很多，只要能让生活变得快乐、有活力的事，我都愿意尝试。"DIY、瑜伽、健身、唱歌、读书和散步，组成了凌琳最简单、悠闲的业余生活。

这里，凌琳的这种生活就是有仪式感的、精致的、让她幸福的生活。那么，真正有仪式感的生活是什么？是对自己、对生活的一种用心，它让你积极、乐观地在这个功利的世界里，寻找着别样的生活之美。

现实生活中，很多单身男女总是将就着过自己的日子，似乎做什么都没有兴致，人前风光无限、优雅美丽，人后却蓬头垢面、一副不修边幅的颓废模样。有仪式感的生活是即便一个人时，也要对自己的生活负责，永远不懈怠、不放松、不懒惰；是即便一个人时，也要学会爱自己，也可以买一束鲜花、品一杯美酒、做一顿香甜可口的饭菜慰劳自己。一个会爱自己的人，才有能力爱别人。

另外，仪式感还应该是我们对陌生人的微笑，对他人的善意，就跟照镜子是一样的道理，你笑，镜子里的人就会笑，你哭，镜子里的人就会哭，你如何对待生活，生活就会如何待你。

再者，常常有人问，他们其实也很爱运动、爱看书、爱听讲座，爱做一切有意义的事。可这些习惯难免会被别人讽刺为太虚荣或者不合群。别人邀你打牌的时候，你说要去爬山；别人在追剧，你在看书；别人在睡懒觉，你在上培训课。你的不合群，久而久之，会让你在这些无用的社交里受到歧视甚至是嘲笑。

可什么才是真正有仪式感的生活？是让一群你不愿深交的人评价你是一个有趣的人呢，还是坚守内心的准则，过上自己喜欢的日子？答案是后者。真正的仪式感，并不是做给别人看的，也不是要让任何人都满意、任何人都称赞，而是自己清楚地知道你所做的一切都是你想要的，只有认真做自己的人，才能拥有真正有仪式感的生活。就像幸福，是主观感受，你觉得幸福就好，而不是追求别人眼中的幸福。

仪式感，其实是一种强烈的自我暗示，这种自我暗示能够使自己的专注力、反应能力和思辨能力迅速提升。某种意义上，它是认识和理解这个世界的一种感觉。

生活中那些无趣和委屈，那些一潭死水、灰头土脸、见不到阳光的日子，其实是因为缺少了仪式感。世上总有人活得比你更艰难、更不易，但如果心中有了仪式感，就好似给干渴的生活注入了一股清泉，从此充满生机和希望。它是不辜负生命，不辜负自己，不辜负每一朵鲜花盛开的那种岁月静好的日子，并且伴有一种积极乐观的人生态度。

要有自己的兴趣，让平凡的生活更添情趣

人生短短几十载，说长不长，说短不短，每天我们都在重复着昨天的日子，你是否觉得无聊至极？如果你有这样的感觉，不妨尽早为自己培养个兴趣吧，有兴趣的日子才是有仪式感的，要知道，聆听过古典音乐的耳朵，欣赏过美术作品的眼睛，吟诵过唐诗的嘴巴，所表现出来的优雅和高贵，是任何昂贵的服装、行头都修饰不出来的。

自从和丈夫结婚后，丽丽就在朋友羡慕的目光中辞职做了全职太太，然后和一般女人一样经历怀孕、生子。她的人生似乎就应该围着丈夫和孩子转。可是她并不开心，因为她感觉自己生活得很空虚，每天丈夫回家后，他们的话题就是孩子今天怎么样，今天吃什么。丽丽越来越觉得自己的生活很压抑，需要呼吸一下外面的新鲜空气。

有一次，她和以前的同学一起聚会，对以前的几个闺中密友说了自己的苦衷，其中一个人对她说："你真是身在福中

不知福，不愁吃不愁穿，丈夫养着。我们呢？为房子、为孩子什么时候闲过？你还说空虚？"另外一个同学说："你的想法我明白，我以前也是这样的，一个人没有了生活的乐趣和追求的目标，简直生不如死，一个女孩被限制在家庭中，的确很苦闷，你啊，的确应该重新去寻找生活的目标，有了兴趣，生活自然就有了意义。"听了朋友的话，丽丽决定出去工作，重拾自己的舞蹈事业。

从那以后，丽丽忙碌起来，虽然忙，但她的生活开始有滋有味，她也慢慢地了解到丈夫工作的辛苦，两人的关系似乎又回到了恋爱的时候。

生活往往就是柴米油盐构成的单调的曲子，如何把这支曲子变得快乐起来？这就要靠我们自己用兴趣来谱写，一个重视仪式感的人的生活绝不会单调、死气沉沉。很难想象，一个没有自己的兴趣与爱好的人，会过什么样的日子，又会经营出一个什么样的家庭。

小李是一个刚毕业的大学生，从小她就对中国的书法国画等传统文化有浓厚兴趣，因此她对书法很有研究，练书法练到痴迷的地步，也收集了很多名人的书画作品。毕业后，她被安排到一个小镇中学教语文，在她看来，这份工作不仅适合自己的专业，还可以经常练练书法。

有一次，省里书法协会的会长来学校做演讲，当时，小李也在接待室，校长就对协会会长说："这是我们学校的小书法家，别看她年纪小，对书法还是相当有造诣的。"协会会长不敢相信，一个20岁的女孩子会有什么书法造诣，肯定是吹嘘的。可当小李"宁静致远"落笔以后，他不禁赞叹："真不敢相信这是一个20岁的女孩写的，笔力苍劲而沉稳，丝毫没有浮躁之嫌，看来对于书法的领悟能力，真不是靠年纪来论的，你是个天才！"当场，协会会长对小李的几个字爱不释手，后来，当他回城之后，力荐小李进入书法协会，而这恰恰满足了小李多年的心愿。

日本教育家木村久一说："天才，就是强烈的兴趣和顽强的入迷。"天才并不是天生而就的，对小李来说，自己的成功固然少不了机遇，但她书法的造诣真正来自强烈兴趣下的入迷和坚持不懈的努力。兴趣与认识和情感有着密切的联系。如果一个人对某种事物没有认识，也就不会产生情感，因而也就不会对它发生兴趣。相反，认识越深刻，情感越丰富，兴趣也就越深厚。兴趣是一个人走向事业成功的开始。有人曾总结世界上数百名诺贝尔奖获得者成功的原因，其中之一就是他们对所研究的科学事业有浓厚的兴趣。

不得不说，对于我们来说，兴趣就是让生活具备仪式感的一个方面，也是我们走向成功的开始。我们不能因为生活而放弃对兴趣和理想的追求，而是需要保持自己的兴趣与爱好。兴趣，让你的生活变得多姿多彩，当然，每个人的兴趣和爱好都是不同的，你可以选择适合自己的某项爱好或者培养某方面的特长，比如：

1. 旅行

旅行可以增长我们的知识，让我们在有了更多见识的时候，发现某些更符合自己内心愿望的爱好，而且真正见过就比只在书上看过或者听人说过更有感触动。另外，一个爱好旅游的人往往心胸更广阔，应对问题时更有弹性。

2. 音乐

音乐作为一种艺术，之所以能打动人，是因为它能以动感的声音方式表现出一种情感，它所蕴涵的宁静致远、清淡平和，可以使终日奔忙、身心俱疲的现代人得到彻底的放松。作为奔波于现代闹市中的人们，你一定要懂一点音乐。在音乐的圣殿中，我们能暂时忘记工作生活中的不顺心，让音乐给予我们心灵的滋养。

3. 舞蹈

当你随着音乐起舞的时候，你的音乐感、音准、韵律、节拍的敏感度和数学逻辑都能够得到提高，脑部及身体的协调能力也可以得到锻炼。

4. 读书

书是人类进步的阶梯，"腹有诗书气自华"，俗语"读万卷书，行万里路"也是这个道理，读书可以让我们见闻广博。

总的来说，我们一定要给自己培养几项兴趣爱好，如画画、看书、做瑜伽、听音乐、唱歌、旅游……学会过有情趣的生活，我们平凡的生活就不会再单调！

在你看来那么重要的事，想着想着就算了

生活中，当很多人被问及"想做点什么"时，他们的答案有很多种，例如想来一次说走就走的旅行、想实现儿时的梦想、减肥等，然而，当你问他们有没有付诸实践时，他们就沉默了，其实，对于我们来说，人生有太多重要的事，如果你从未真正实践过，那么，最后只能算了。

我们可以说，去实现自己想做的事，就是生活中最重要的仪式。如果你很想去做，那么就去做吧，要知道，人生几十年，白云苍狗，如果现在不做，一辈子可能都做不了。

生活中，我们常听到人们说"人生苦短"，每个人都希望获得幸福。其实，大多数人对人生的要求都很简单，做自己喜欢的事情，便是莫大的幸福。然而实现它却并不容易。怎样才能实现？只要我们遵从自己的内心、立即去做就能达到。

生活中，很多人都有周游世界的梦想，可是有几个人能不顾一切地去实现它呢？然而，一位叫索菲娅的女孩就做到了。

索菲娅是某知名大学的一位歌剧学员。

在一次演讲中，她当着全校师生的面提及自己的梦想——毕业以后先去欧洲进行为期一年的旅游，然后，她要去纽约的

百老汇闯出一片天地。

　　就在她结束演讲的这天下午，她的心理学老师找到她，对她说："我听说你想去百老汇，那么，你今天去百老汇跟毕业后去有什么差别？"

　　老师的话点醒了索菲娅，她仔细一想："是呀，大学并不一定能为自己争取到去百老汇的机会。"于是，索菲娅决定一年以后就去百老汇闯荡。

　　这时，老师又问她："你现在去跟一年以后去有什么不同？"

　　索菲娅一想，的确如此，接下来，她告诉老师自己决定下学期就出发。

　　老师紧追不舍地问："你下学期去跟今天去，有什么不一样？"是啊，老师说得对，接下来，索菲娅有些晕眩了，她仿佛已经置身于百老汇那金碧辉煌的舞台上……她说："我决定下个月就去。"

　　老师乘胜追击问道："那一个月以后去和今天又有什么不同呢？"

　　索菲娅的心情很激动，她说："好，我准备一下，一个星期以后就出发。"

　　老师步步紧逼："百老汇什么买不到？那些生活用品更是到处都是。那你要一个星期的时间准备什么呢？"

　　索菲娅激动地说道："好，我明天就去。"老师赞许地点点头，说："我已经帮你预订好明天的机票了。"

　　第二天，索菲娅就坐飞机来到了全世界艺术的最高殿堂——美国百老汇。

　　这天，百老汇一位著名的制片人正在筹备一部经典剧目，很多艺术家前去应征主角，按照步骤，他需要先从这些应征者从挑选出10位候选人。索菲娅得知这个消息后，并不是花时间去为自己置办行头，也没有去学习如何打扮自己，而是先从一位化妆师那里要到了剧本。接下来的两天时间里，她把自己关在出租屋里自编自演。

　　面试这天终于到了，索菲娅有点紧张，但稍作深呼吸之后，她给自己打足了气，当制片人问及她的表演经历时，她笑了笑，然后说："我可以给您表演一段原来在学校排演的剧目吗？就一分钟。"制片人首肯了，他不愿让这个热爱艺术的青年失望。

　　索菲娅表演的正是制片人要排演的剧目，制片人惊呆了，因为眼前这位姑娘的表演实在太棒了。他马上通知工作人员结束面试，主角非索菲娅莫属。就这样，索菲娅来到纽约没几天就顺利地进入百老汇，开启了她灿烂的艺术人生。

　　听完索菲娅的故事，你是否受到了启发？所以，喜欢一件事，就马上去做吧。即使此时你只能把它当成业余爱好，但只要你坚持去做了，点滴积累，有一天，它会成为你的专长，成为你可以用来养活自己的看家本领。你要相信，你最愿意做的那件事，才是你真正的天赋所在。

人生需要选择，需要你果敢地去拼搏，去行动，去做自己该做的事情，哪怕你很畏惧，哪怕你很犹豫，但如果摆在你面前的路是正确的，你就要立即行动起来。

有句话说得好："选择你所爱的，爱你所选择的。"为了培养你对工作的热情，首先，在择业之前，你应该考虑自己的兴趣。一般情况下，如果你真的不喜欢自己所做的事情，对它缺少积极性，那么不管你得到的薪水有多高，不管你的职业生涯攀上了多少高峰，都是不值得的。

如果你并不了解自己的兴趣所在，怎样才能挖掘出它们呢？有很多方法可以做到这一点。例如，在你目前的工作中，你最喜欢它的哪些方面？是和他人共处，还是不和他人共处？是智力挑战，还是解决问题或者某个问题在某一天结束的时候有了具体答案的满足感？

总之，人生就是如此，只要你敢于跨出第一步，去做你想做的事，你就能获得源源不断的动力，你就能朝着目标不断迈进，最终收获一番成就。

再拖一拖，时间就这么过去了

生活中，我们发现，不少人有这样的行为：拖延缴纳水电费、推迟约会、为未完成的工作找借口等，当你问他时，他的回答是："急什么，时间还多着呢。"在他们看来，任何事情都可以放到明天：他想减肥，但他刚才又吃了一块蛋糕，他认为减肥的事情稍微等等也无妨；他想花一个晚上的时间来学习一段音乐简谱，但却经不住朋友的诱惑去喝了几杯，他觉得还是明天再看吧；他想去学驾驶，但担心自己操作不好，还是再等等吧……好像再等等事情就能解决似的。对于很多人来说，我们不想立即做的事，都可以放到明天，然而，这只是你的借口，总是拖延，最终我们在不断等待中浪费了生命和光阴，我们原本糟糕的状况丝毫未曾改变。

古人云："明日复明日，明日何其多。"这句话是告诫我们珍惜时间，立即行动。的确，我们的一生中有很多个明天，但如果把什么都放在明天做，那明天呢？明天的明天呢？有句话说得好，"活在当下"，明天属于未来，我们只有把握好现在，才能决定明天的生活。

总之，生活中无论是工作、生活还是学习，大事还是小事，凡是应该立即去做的事情，就应该立即行动，要尽全力日事日清。如果你梦想成为知识专家，那就立刻看看自己适合研究什么专业，立刻分析现在社会的前沿信息是什么，立刻专心于读书学习，立刻开始选书目、定方向、写笔记，立刻开始阅读，不要拖延时间；如果梦想成为一流的营销员，成为亿万富翁，那就立刻开始研究产品、市场、人脉、营销，立刻拿起电话，立刻买上车票，立刻奔赴营销第一线；如果梦想成为政治家，那就立刻学会演讲、学会写作、学会协调，立刻研究人脉、研究社会、研究管理……

你所有的问题都只是因为懒

谈到给生活加入仪式感，相信很多人也很向往，但当你问他为什么没有做时，他们总是有这样那样的理由，例如最近太忙了，没有时间准备丰盛的晚饭；太累了，回家就没有精力了；太穷了，没有时间旅行等，其实，这些都是他们的借口，所有的问题只有一个原因，那就是懒，他们不仅是对生活懒，对工作也很懒，所以他们能不去做的就不做，能逃避的就逃避。其实，时间对于我们来说才是最重要的，如果我们浪费时间，工作和生活中总是拖拖拉拉，那么，最终只能白白浪费生命；假如我们能充分利用时间和精力，勤奋做事，那么，我们绝对可以做出更有价值的事情来。

拖沓、懒散的生活和工作态度，对许多人来说已经是一种常态，要想有所成就，我们就应该忍耐惰性，努力让自己变得勤勉起来。

然而，现实生活中，有许多人贪图安逸而不愿意吃苦受累，时间长了，就变得懒惰。懒惰是生活中最大的敌人，许多悲剧的后果都是懒惰造成的。命运的好坏完全取决于自己，假

如我们选择了勤劳，那我们通过努力一定可以得到幸福，即便
只有一点点是自己创造出来的，那也是一种幸福；假如你选择
了懒惰，那你将终生和不幸、厄运、灾难成为伙伴，永远是一
个失败者。

　　有这样一句话："世界上能登上金字塔顶的生物只有两种：
一种是鹰；另一种是蜗牛。不管是天资极佳的鹰，还是资质平庸
的蜗牛，能登上塔尖，极目四望，俯视万里，都离不开两个字——
努力。"若是缺少了勤奋的精神，即便是天资极佳的雄鹰也只能
空振双翅，若是努力，即便是行动十分不便的蜗牛也可以俯瞰世
界。靠着自己的双手去生活，远比依赖别人要踏实得多。

　　那么，生活中，有哪些能帮助我们克服懒惰的仪式呢？

　　1. 良好的作息习惯

　　养成良好的作息习惯，早睡早起，作息规律。这一点自不
必说，赖床是懒惰之本。最经典的办法——上闹钟。时下有很
多创意闹钟，绝对有办法"骚扰"到你起床。

　　2. 多运动

　　多运动，锻炼身体。懒人胖子多，对于胖人来说，懒与不
运动绝对是"对等"的关系。另外，经常锻炼身体除了可以拥
有健康的体魄，更能使人保持旺盛的精力，对懒惰说不。

　　3. 时间计划

　　懒人都有拖拉的习惯，往往抱着"明日复明日，明日何其
多"的想法，制订详细的计划，将时间规定好，把事件细分化。

例如，规定一小时内或半小时内完成某项任务，或者把一件复杂的事情分为几步完成，既提高效率又很好地解决了懒惰的心理。

4. 积极暗示

懒惰的人中有一些是因为性格内向、不自信等心理状况引起的懒惰。从不爱、不敢与人接触交流慢慢发展成习惯性地懒得参与一些公众活动。可以在房间张贴名言警句，给予自己积极的心理暗示。

5. 需要监督

懒惰的人缺乏自律，没有持续的执行能力，可以让自己的家人、同学、朋友、同事等监督自己。

6. 换个环境

有条件的话尝试换个生活环境或打破原有的生活规律。刚上学的孩子为什么懒得上作文补习班却对上游泳班很积极？外出旅行时为什么都能做到早起？主要还是由于周围的环境发生了改变。

在这个世界上，有太多懒惰的人，他们不思进取，总想着天上掉馅饼的事情发生在自己身上，最终却被自己的懒惰贻害一生。俗话说："早起的鸟儿有虫吃。"只要自己勤奋，我们就一定会拼搏出属于自己的一片天空。

第 5 章
饮食中的仪式感，如何做一位优雅的吃货

　　在中国，办事吃饭是常事，中国古代的圣贤早就说过："民以食为天！"吃饭，不仅是人类生存的第一需要，还是一种生活方式，更具有一定的社交功能。吃饭并不难，人们也都爱吃，但如何吃好饭却不是一件易事，尤其是想当吃货的人，更要知道，餐桌如战场，餐饮无小事，想要吃出仪式感，那么，吃饭宴请中的任何一个细节都不容忽视。这样，无论你是宴会的主办人还是被请之人，无论是点菜还是用餐，无论是吃菜还是喝酒，无论是中餐还是西餐，你都能吃出优雅和气度。

你是吃货，也要养成文雅的用餐习惯

中国人认为，餐桌是最能体现一个人素质与修养的地方，因为一个人的吃相醉态最能"暴露"一个人的内心世界。因此，如果我们想给在座的宾朋留下个好印象，就一定要注意自己的吃相，否则就会贻笑大方。毕竟，餐桌上的最中心问题还是吃饭。关于吃饭，也是有礼仪和规范可讲的。在家庭教育中，趁孩子还小的时候，就要培养他们文雅的用餐习惯。

明明和小夏是从小玩到大的好朋友，她们在一起有十几年了，所以两人互相都非常了解，因此在一起的时候也不伪装。后来，小夏谈了男朋友，叫安凯，对方是一个大学的老师，非常儒雅。

得知这个情况之后，明明想第一时间见见这位大学的老师。于是这天下午下班后，她约上小夏和安凯一起吃饭。两人见面后分外亲热，说话无拘无束，这也让安凯感到欣慰。明明时不时地还跟他开个玩笑，这让他们之间的交谈更加融洽。

点菜的时候，明明将点菜单递给安凯，安凯出于谦让和爱，把点菜单又递给了小夏。小夏觉得是明明请客，应该客随主便，于是又把点菜单传到了明明的手里。明明接着点菜单说："不点拉倒，吃个饭也这么客气，还是我来吧。"说完噼里啪啦点了好几个自己喜欢吃的菜。

不一会儿，菜上来了。明明拿起筷子，也没有跟其余人打招呼，便大嚼大咽起来。只看得安凯两眼发直。等自己吃了三四口之后，明明见小夏和安凯还没有动筷子，于是用筷子指着他们，嚼着满嘴的菜说："吃啊，客气啥啊。"

安凯拿起筷子，望了小夏一眼，在菜上点了点，意思了一下，便不再吃了。小夏说："别介意，她就这样。"

明明一边嚼着饭菜，一边说："绅士，没见过淑女这么吃饭的吧，这才叫暴露本性。女孩嘛，要对自己狠一些。"说着，从嘴里喷出来的饭菜碎渣掉满了桌子。小夏见安凯的脸色不大好，觉得他真的是介意了。于是对明明说："美女，注意点自己的形象啊，这还没找对象呢，要是别人看到你这副吃相，谁还敢娶你啊？"

但是，明明并没有明白小夏的暗示，还大大咧咧地说："没事，在你对象面前就是在你面前，都是自己人，没有那么多讲究，你说，是不，帅哥？"

安凯露出了勉强的微笑，点了点头。

从那以后，安凯拒绝再跟明明碰面，很多时候也对明明和小夏的交往提出了质疑。慢慢地，明明和小夏的接触也少了很多。小夏结婚后，明明好几次要求去他们家做客，都被小夏委婉地拒绝了。

故事中的明明在好朋友小夏的面前很真实，但是她忘了和她一张桌子吃饭的还有小夏的男朋友安凯，小夏能接受她的不雅吃相，但是安凯却跟她不熟，结果她的不雅吃相给安凯留下了非常糟糕的印象，这直接影响了她和小夏的交往。由此可见，在就餐的时候完全可以看出一个人的本性，尤其是女孩，更要注意这一点，千万不要随便毁了你的形象。

中国人常说"民以食为天"，简单的"吃"中隐藏着很大的学问，吃饭过程中，一个小小的细节问题都是他人给我们打分的标准，因此，很多环节都需要注意。

那么，我们在吃饭的时候要注意哪些方面呢？

1. 动筷子前要礼让别人

我们要懂得和人吃饭的礼貌。在饭菜上桌之后，不要只顾着自己吃，要礼让别人。要是和你一起吃饭的是你的长辈或者是你尊敬的人，要他们动了筷子后，你再动筷子，这样能显示出对对方的尊重。如果你在请客，更要招呼客人先动筷子。一般情况下，客随主便，对方会再让你先来。那么这时候你不妨先夹菜，这样客人才好意思夹菜。

2. 戒乱吐废物

在餐桌上，遇到不宜下咽之物时，应以一只手或餐巾掩口将它轻轻吐在另一只手所拿的勺子或叉子上，然后再将其放入自己面前的食盘上端，待侍者取走。不要把它吐在手上或用手去口中直接拿取。尤其是不能把它随口吐在餐桌上陈列展示或是悄然吐在地上。随口吐废物、唾液飞溅都是极其败坏他人胃口的举动。

3. 戒入口食物过多

用餐时，唯有细嚼慢咽吃相才能好看。一次入口的食物过多，致使自己腮帮子鼓涨、眼珠子直瞪，不仅自己难受也会令他人担心。吃食物、用饮料时，一次不要取得太多，入口时尤其应当适量，应以不妨碍咀嚼、下咽为宜。毕竟用餐不是攻取敌人的阵地，并不讲究时不我待，所以大可不必狼吞虎咽，每次"鲸吞"过量。

4. 戒"满脸开花"

在用餐过程中，吃完一口或喝完一口之后，特别是预备与身边的"邻居"寒暄时，务必要用纸巾或餐巾先揩干净嘴角。若吃得大汗淋漓，则应随时用餐巾把汗擦干。如果吃得顺口流汤、嘴角带渣、一脸油汗，则是很不雅观的。

5. 吃饭时不要发出声音

有些人吃饭的时候，嘴里总会发出各种各样的声音。这让同桌吃饭的人感觉特别不舒服。女孩子更要注意这一点，吃饭的时候尽量小口去吃，多吃几次，千万不要狠狠地吃一大口，使劲地嚼，这样很容易发出声音。除此之外，还要慢慢地嚼，因为嚼得太快也会发出声音。

6.戒口含食物与人交谈

在餐桌上与周围之人交谈时，声音宜小不宜大。此时，不应口含食物边吃边说。嘴里有东西时，说话不仅难以让人听清楚，而且搞不好还会有其中的一些"残余""突围"出来。原则上，食物进口后不准再吐出来，因此吃东西应当一次一小口。注意到此点，遇到有人找自己说话，就可以迅速将其咽下，再去与人应酬。当然，当别人口含食物时，有教养的人也是不该找对方畅谈的。

自古以来，中国的饮食文化驰名世界，中餐礼仪当然也声名远播。但随着时代的变迁，饮食文化正向多元化发展。作为礼仪之邦，绝不能只为了口腹之欲，而忽略了起码的礼貌和礼仪，这一点尤为重要。总的来说，即使你是一位吃货，也要做一位优雅的吃货。

饮食有节，吃出好身体

生活中，我们每个人都需要吃饭，以维持正常的生理需要，这就是人们常说的"人是铁饭是钢""民以食为天"，然而，如果我们不加节制地饮食，那么，就有可能危及我们的身心健康。的确，就是有这样一些人，他们似乎无法控制自己的饮食，定期或不定期地暴饮暴食，甚至不加节制地大鱼大肉，那么，最终就会导致体形肥胖，影响身体健康。

　　丹丹今年刚大学毕业，和很多毕业生一样，她也投入了找工作的大潮中，但令她沮丧的是，因为太胖，很多用人单位都拒绝了她。看到现在的状况，丹丹后悔不已。其实，一年前的丹丹还是个身材苗条的女孩，但失恋对她的打击实在太大，她不知道如何排遣。一个朋友告诉她，吃东西能让自己的心情好起来，于是，她开始疯狂地吃，她发现这个方法似乎真的有效，失恋期过了，她却变成了胖子。更要命的是，她居然开始迷恋美食，以前逛街，她最大的爱好是买衣服，现在则是先打听哪里有好吃的。大学的最后一年，她整整胖了40斤，那些瘦小的衣服再也穿不下了，周围追求自己的男生也没有了，她逐渐变得自卑起来，走在马路上，她总能感觉到周围人奇异的目光，如今，找工作四处碰壁更让她倍感难受。

　　于是丹丹突然意识到，是该控制一下自己的饮食了……

　　从丹丹的故事中，我们看到了一个无节制饮食者遇到的苦恼。事实上，在我们周围，这是很多人无法攻克的挑战。无节制饮食除了会引发一些身体健康问题，除肥胖之外，还有其他许多方面的影响。在某一段时间内，你的身体需要高负荷运转，由此会出现一系列的生理反应，我们的生命力也会被破坏。另外，我们的自我形象还会受损，相对来说，人们更喜欢那些身材苗条的人，至少我们会因此获得一些审美愉悦。再者，我们的自信心、毅力等也会受到影响；无节制饮食很容易成为一个习惯，而且很难改掉。

养成良好的饮食习惯需要高度的自制力，只要我们加以控制，养成习惯，将会对我们受用终身。

那么，我们该养成哪些良好的饮食习惯呢？

1.吃饭吃到七分饱就行了

生活中，我们总是希望别人能吃饱。但是，吃得太多，就会使得肠胃不舒服，也会影响心情。因而，吃饭吃到七分饱就可以，保证你不饿就行。如果觉得心情不好而暴饮暴食，不但会让你的身材因为营养过剩而变形，还会因为身体不舒服而生气和不满，这在一定程度上增加了你内心的郁闷情绪。因此，要健康饮食，吃饭吃到七分饱的时候一定要克制自己，不能再吃。

2.少荤多素

一般情况下，过于油腻的东西会加重身体的负担，长期大鱼大肉甚至会影响健康，而新鲜的蔬菜清淡爽口，少荤多素，合理搭配，吃起来心情也会轻松。

3.讲究"色、香、味"俱全

健康的饮食要讲究"色、香、味"俱全，这样吃起来才会觉得是一种享受。如果把饭做成一个颜色，你会觉得生活枯燥单调，自然不愿意多吃。

4.常换口味

人对于经常看到的东西都有视觉疲劳。同样，同一个菜连续吃两次以上，就会产生味觉疲劳，从而本能地产生抗拒。因此，我们做饭菜时就要变换口味，以保证味觉的新鲜。这样，你的心情才会保持新鲜，才会开心快乐。否则，每顿饭都看着同一个菜，人会因感觉到生活没有改变、自己没有改变而黯然神伤。可见，要想用健康的饮食调解身心，不妨经常变换饭菜的口味。

现代社会，随着人们工作和生活节奏的加快，越来越多的人难得有时间给自己和家人做一顿健康美味的菜肴，也很少有时间用心享受美食，但其实，我们忽略了好的身体是工作和学习的前提，我们只有吃得健康，才会身体健康，这一点绝不能忽视。

品读红酒文化，感受浪漫精致生活

有人说，红酒与仪式感之间永远有解不开的结，红酒之下没有酒徒，只有精致和优雅。无论是与爱人在一起，还是独处时，醒一杯红酒，任凭时间摇曳生姿，那一份浪漫，无不叫人如痴如醉。红酒，它在诞生之初就裹着高贵、浪漫的外衣，它标志的其实是一种生活态度，一种文化修养。摇曳的灯光四处迷离，雅致的水晶杯，红色的液体顺着杯沿缓缓流下，那点点滴滴，带着魅惑；那丝丝细语，带着几许暧昧，游荡在每一个寂静的夜。

盈盈大学毕业后，并没有进入职场，而是开了一家红酒雪茄吧，只因为她喜欢红酒。眼睛小小的她，笑起来的时候眼睛眯成一条线，谈话时平和的微笑，让人轻易地接受她喜欢的红酒世界。

她坦言：是红酒改变了自己的心境，因为最早是教堂里的牧师、传道士开始酿造红酒，那种可以感受到的凝聚力以及和善让她有平和的心面对生活。同时，葡萄酿造的红酒，就如农作物的耕作，需要有辛勤的劳作才能收获优质的果实，让她学会去珍惜。娓娓道来的红酒文化，让你不知不觉爱上这样一种淡然的感觉，品红酒是一种幸福。

她希望每个人在品红酒的时候，都能有足够的想象空间，想象出产这瓶曼妙红酒的葡萄酒庄的场景，想象从橡木桶里倒出的一瓶瓶红酒缔造着一个个故事。

在越来越多的文化活动中，我们看到了红酒的身影，越来越多的人在就餐时会选择喝红酒，红酒似乎离我们的生活越来越近。但是，你真正懂红酒吗？是否了解红酒背后的文化呢？是否知道饮用红酒的正确方法和礼仪呢？红酒文化，对我们每个人来说，都是一门必修课。

在一家酒吧里，品酒师小柯这样讲述一些人在喝红酒时的一些误区："倒酒时喜欢满上；把红酒当成啤酒喝，少则半杯、多则一满杯，端起碰杯一饮而尽；喝红酒时加雪碧；认为红酒的年份越老越好……"小柯继续说道："红酒是拿来品的，而不是拿来'拼'的，喝红酒误区的背后，是我们对红酒文化的不了解。"似乎，我们对于红酒文化真的缺课了。

下面，我们就简单地介绍一些关于红酒的知识，其中会涉及红酒文化的专业名词。

1. 如何保存红酒

对于红酒的保存，最忌讳的是温度的强烈变化，如果你购买红酒的时候是处于常温之下，则在家里只需要保存在常温之下即可。如果你想饮用冰镇过的红酒，那么，可以在饮用前冰镇即可。如果你想将红酒储存在冰箱里，只适合存放于温度变化较小的蔬菜室内。红酒最理想的储存环境是在12~14摄氏度保持恒温，湿度在65%~80%，保持黑暗，因此，大多数人会将红酒放置在地下室。另外，还需要保持周围环境的干净，以免其他异味渗入红酒内。

2. 酒标：教你学会认酒

品红酒需要长时间的研究以及层层的磨炼，不过，学会认酒倒是一件简单的事情。认酒，就要学会看酒瓶上的标签，红酒的卷标就是我们常说的许可证，它如同一个人的履历表。熟悉红酒的人们常说："只要看了卷标，就知道它的味道。"通常情况下，卷标上都会标明红酒收成的年份、酒名、生产国或生产地、庄园的名称、生产者名、容量和酒精浓度等。通过它所标明的内容，我们大概就能知道关于这瓶红酒的一切。

3. 品红酒

红酒的成分相当复杂，最多的是水分，占80%以上，其次是酒精，一般在10%~13%，剩余的物质超过1000种，比较重要的有300多种。红酒里其他比较重要的成分有酒酸、果性、矿物质和单宁酸等，虽然这些物质所占的比例并不高，但却是酒质优劣的决定性因素。如果红酒的成分呈现出一种平衡状态，那么红酒就会变得质优味美，使人在味觉上有无穷的享受。品红酒可以分为下面几个步骤。

醒酒：一瓶尘封多年的红酒，刚刚打开时会有异味出现，这时就需要醒酒。将酒倒入精美的醒酒器后稍等10分钟，酒的异味就会散去。醒酒器可以让酒与空气的接触面积最大，等红酒充分氧化之后，红酒浓郁的香味就出来了。最长可以延长至一小时左右。

观酒：斟酒时以酒杯置酒，基本要求是酒不溢出。在室内光线充足的情况下将红酒杯横置在白纸上，观看红酒的边缘，层次分明者多是新酒，颜色均匀者多是老酒，如果呈现棕色，就有可能是一瓶陈年佳酿。

饮酒：在红酒入口之前，先深深在酒杯里嗅一下，这时你已经能嗅到红酒的幽香，新酒的果香味很浓，而陈酒的果香味则比较内敛。吞入一口红酒，让红酒在口腔里多停留片刻，舌头上打两个滚，再深呼吸一下使感官充分体验红酒，最后全部咽下，一股幽香立刻萦绕其中。

可以说，有仪式感的生活，少不了红酒，红酒是美丽的，它超越了尘世、跨越了时代，为的就是那一瞬间的相遇，韵味十足、醇厚幽香的红酒，值得你用一生的时间去细细品味。

所有的记忆和情绪，都在面前的一杯咖啡里

不知道忙碌的你，可曾在忙里偷闲的时候，在闲情逸致的时候，或是在某个孤独的黄昏，或是在一个雨天的午后，为自己点一杯浓郁的咖啡，细细品味咖啡的苦涩与醇香。那一抹浪漫，那一杯苦涩，那一阵清香，慢慢地扫除了积压在心中的阴霾，带来一种醇香的快乐。只愿坐在夜的怀抱里，静静地倾听，倾听心灵的呼唤，倾听咖啡浓郁的声音，沉静的夜，只有咖啡的余味飘远，诉说着无尽的忧思，这就是咖啡的魅力。

咖啡，它带着浓郁的异域气息而来，很多人钟爱咖啡，是因为咖啡的独特醇香、色泽凝重，透着忧郁和冷寂。坐在优雅的咖啡厅里，点上一杯咖啡，不加糖不加奶，一边看书，一边品味咖啡独有的那份苦涩与香醇。咖啡味苦，却胜在香醇，那苦味之后的余香，久久地萦绕在心头，不肯离去。咖啡那独特的风味与魅力，容易令人上瘾，让人迷醉的不是咖啡本身，而是那一种文化气息。当你把形形色色的记忆和情绪都埋藏在杯子里，咖啡，从此就有了无可取代的浓郁滋味。

咖啡，它不同于茶的沁人心脾，也不同于酒的酣畅淋漓，其中的滋味只有喜欢怀旧的人才能读得懂。一个喜欢喝咖啡的人，一定是内心丰富、感情细腻的人，与人分享幸福与快乐，却一个人承受失意与落寞。一个喜欢喝咖啡的人，像深秋的梧桐，像冬季里飘洒的雪，在一举一动之间，不经意流露出淡淡

灵性、浓浓韵味。咖啡，这样带着浪漫情调的饮品，受到了那些追求小资或生活仪式感的人的青睐，它的醇香呈现出一种美丽的意境。浓郁的咖啡，蕴涵着苦涩，体现出一种品的姿态。

曲静就是非常讲究生活仪式感的人，她是个小有名气的美女作家，平日里喜欢泡咖啡馆。不仅如此，她喝咖啡也很有讲究，必须是下午4点，而且总是喝不加糖的苦咖啡。

身边很多不了解她的朋友总觉得她怪怪的，在她们眼里曲静属于不折不扣的悲观主义者。可是她们又怎么能够感受曲静在喝不加糖的苦咖啡时的那种乐趣与享受呢？要知道曲静可是个对生活很讲究的精致女孩。

这天，一名朋友介绍的导演给曲静打了电话，约她商议将她的小说拍成电影。这对于曲静来说倒是个新鲜事。于是这天傍晚，她按照约定来到了街角的咖啡馆。

当她坐下来和导演寒暄的时候，服务员走了过来，问道："小姐，请问您喝点什么？"

曲静想了想，对服务员说："你这里有咖啡吗？"

服务员微笑着说："有的，我们这里就是咖啡馆。"

曲静笑着说："既然是这样，有咖啡机吗？"

对于曲静的发问，服务员有些不懂了。曲静看着她疑惑的双眼说："我喜欢喝自己煮的咖啡，要是有咖啡机的话，我想自己煮。"

服务员的脸上渐渐地露出了笑容，并点头说："有的，完全可以满足您的要求。"

于是曲静走到服务台，亲自为自己煮了一杯黑咖啡。当她端着自己亲手煮的黑咖啡来到导演所在的桌子的时候，她看了看表，刚好是下午4点。

她坐下来，歉意地对导演笑了笑说："非常抱歉，让您久等了。"

导演笑着说："曲静小姐可真是个讲究的人啊！"

曲静说："我对生活就是这样，喜欢一些原汁原味的感觉。我希望我的小说拍成电影也是这种感觉，否则我宁愿不拍。"

故事中的曲静是一个非常讲究的人，她喜欢喝自己煮的黑咖啡，喜欢追求原汁原味的感觉。由此可见，她对待生活也是如此，足见她的品位和追求很高。事实上，一个讲究生活艺术、高涵养的人，喝咖啡都是有一定的要求和讲究的。

对于那些喜爱咖啡的人来说，咖啡文化是不容错过的文化修养。那么，咖啡文化都分为哪几个方面呢？

1. 调制咖啡

咖啡的味道有浓淡之分，因此，不能像喝茶或可乐一样，连续喝三四杯，正式的咖啡杯的分量就刚好。普通喝咖啡以80～100毫升为适量，有时候若想连续喝三四杯，就要将咖啡的浓度冲淡，或加入大量的牛奶，不过仍然要考虑生理需求的程度来确定咖啡的浓度，也就是不要造成腻或恶心的感觉，而在糖分的调配上也不妨多些变化，使咖啡更美味。趁热喝是品美味咖啡的必要条件，即使是在夏季的大热天中饮热咖啡，也是一样。

咖啡杯：餐后饮用的咖啡，一般都是用袖珍型的杯子盛出。这种杯子的杯耳较小，手指无法穿出去。但即使用较大的杯子，也不要用手指穿过杯耳再端杯子。咖啡杯的正确拿法，应是拇指和食指捏住杯把再将杯子端起。

加糖：给咖啡加糖时，砂糖可用咖啡匙舀取，直接加入杯内；也可先用糖夹子把方糖夹在咖啡碟的近身一侧，再用咖啡匙把方糖加在杯子里。如果直接用糖夹子或手把方糖放入杯内，有时可能会使咖啡溅出，从而弄脏衣服或台布。

咖啡匙：咖啡匙是专门用来搅咖啡的，饮用咖啡时应当把它取出来。不要用咖啡匙舀着咖啡一匙一匙地慢慢喝，也不要用咖啡匙来捣碎杯中的方糖。

杯碟：盛放咖啡的杯碟都是特制的，它们应当放在饮用者的正面或者右侧，杯耳应指向右方。

品咖啡时，可以用右手拿着咖啡的杯耳，左手轻轻托着咖啡碟，慢慢地移向嘴边轻啜。不宜满把握杯、大口吞咽，也不宜俯首去就咖啡杯。喝咖啡时，不要发出声响。添加咖啡时，不要把咖啡杯从咖啡碟中拿起来。

2.品咖啡

在品咖啡之前，先喝一口冷水，让口腔完成清洁。喝咖啡应趁热，因为咖啡中的单宁酸很容易在冷却的过程中起变化，使口味变酸，影响咖啡的风味。一切准备就绪之后，你可以先喝一口黑咖啡，你所喝的每一杯咖啡都是经过5年生长才能够开花结果的，经过了采收和烘焙等繁复程序，再加上煮咖啡的人悉心调制而成。所以，先趁热喝一口不加糖与奶精的黑咖啡，感受一下咖啡在未施脂粉前的风味。然后加入适量的糖，再喝一口，最后再加入奶精。

当然，对于咖啡，应适量饮用，因为咖啡中含有咖啡因，对你的身体会有损害！

西餐中的刀叉如何使用

西餐桌上的餐具很多，吃每一样东西要用特定的餐具，不能替代或混用。提到西餐，就离不开刀叉。学习刀叉的使用是学习西餐礼仪的开始。看似简单的刀叉，使用起来其实并不简单。

实习生媛媛是个大大咧咧的女孩子。她的这种性格，有时候能为她赢得很多人的喜爱，但有时候也会让她出尽洋相。

有一次，她的老师带她去一位外国教授家吃饭，为了招待客人，对方做了很美味的意大利面。看到这种面条，媛媛感叹道："布朗教授，您也会做面条？给我尝尝。"于是，她直接跑到厨房，拿来一双筷子，看到这一幕，她的老师和这位布朗教授差点笑弯了腰。

"你这个笨丫头，幸亏布朗教授不是外人，不然你就糗大了，一个知识分子，居然连意大利面要用叉子吃都不知道，回去你真得好好学习一下西餐礼仪。"老师对媛媛说道。说完以后，媛媛的脸唰的一下红了。

案例中，实习生媛媛正是因为对西餐餐具的使用不熟悉，居然用中国人常用的筷子进食意大利面，进而闹出了笑话。

可见，为了避免这类尴尬问题的出现，我们必须学习一些西餐礼仪，其中最重要和最基本的就是刀叉的使用。

对此，我们需要了解：

1. 刀

宴席上正确的拿刀姿势是：手握住刀柄，拇指按着柄侧，食指则压在柄背上除了用大力才能切断的菜肴，或刀太钝之外，食指都不能伸到刀背上；另外，不要伸直小指拿来刀，尤其是女性以为这种姿势优雅，其实这是错误的。

刀是用来切割食物的，不要用刀挑起食物往嘴里送。记住：右手拿刀。如果用餐时，有三种不同规格的刀同时出现，一般正确的用法是：带小锯齿的那一把用来切肉制食品；中等大小的用来将大片的蔬菜切成小片；而那种小巧的、刀尖是圆头的、顶部有些上翘的小刀，则是用来切开小面包，然后用它挑果酱、奶油涂在面包上面。切割食物时双肘下沉，手肘不要离开桌子，这样会令对方觉得你的吃相十分可怕，而且正在切割的食物没准也会飞出去！

2. 叉

叉子的拿法有背侧朝上及内侧朝上两种，要视情况而定。背侧朝上的拿法和刀子一样，以食指压住柄背，其余四指握柄，食指尖端大致在柄的根部，若太前方，外观不好看，太往后，又不太能使劲，硬的食物就不容易叉进去。叉子内侧朝上时，则如铅笔拿法，以拇指、食指按柄上，其余三指支撑柄下方；拇指和食指要按在柄的中央位置，如果太向前，会显得笨手笨脚。

左手拿叉，叉齿朝下，叉起食物往嘴里送，如果吃面条类软质食品或豌豆叉齿可朝上。动作要轻，叉起适量食物一次性放入口中，不要拖拖拉拉一大块，咬一口再放下，这样很不雅。叉子叉起食物入嘴时，牙齿只碰到食物，不要咬叉，也不要让刀叉在齿上或盘中发出声响。吃体积较大的蔬菜时，可用刀叉来折叠、分切。较软的食物可放在叉子平面上，用刀子整理一下。

3. 勺

在正式场合下，勺有多种，小的用于咖啡和甜点；扁平的用于涂黄油和分食蛋糕；比较大的，用来喝汤或盛碎小食物；最大的是公勺用于分食汤，常见于自助餐。切莫搞错。汤匙和点心匙除了喝汤，吃甜品外，绝不能直接舀取其他主食和菜品；不可以将餐匙插入菜肴当中，更不能让其直立于甜品、汤或咖啡等饮料中。进餐时不可将整个餐匙全部放入口中。

　　一般来说，吃西餐的过程中，经过专业训练的服务员会根据您所点的菜摆上需要的餐具，撤掉不要的餐具。喝汤用汤匙，吃扒时用刀叉，左手持叉，右手持刀（法、英式吃扒切一块吃一块，美式吃扒可一块块切好了再吃）。刀叉的拿法是轻握尾端，食指按在柄上。汤匙则用握笔的方式拿即可。如果感觉不方便，可以换右手拿叉，但更换频繁则显得粗野。边说话边挥舞刀叉也是失礼之举。若有两把以上，应由最外面的一把依次向内取用。吃意粉用叉卷着吃。吃饭用饭匙，吃餐包用牛油刀抹上牛油吃。吃餐包、三明治、薯条及带骨的食物（如鸡腿、蒜香骨等）就无须使用餐具，可直接用手拿起食用。

　　学习好以上几点，相信你能大致掌握刀叉等基本西餐餐具的使用方法。

第6章

生活仪式化：当你有了这些习惯以后

生活中的仪式有很多，然而，真正有仪式感的生活并不只是偶尔喝喝咖啡、做顿丰盛的晚餐，更不是奢侈豪华的物质享受，而是对认真且努力的今天的一种纪念和勉励，所以，我们需要过好当下，每天都做最好的自己。当然，这需要我们从养成一些好的习惯开始，将生活仪式化，如此，我们才不会为今天叹息，才能成就更好的自己。

微笑示人，展现你的亲和力

卡耐基曾经在《人性的弱点》一书中说过这样一句话："世界上的任何人，都在努力寻找快乐，但只有一个办法能让我们得到快乐，那就是控制你的思想，因为快乐的获得在于你内心的喜悦，而不是来源于外界的情况。"所以，我们可以说，人的内心的喜悦来源于潜意识这一内部环境，而潜意识是受思想支配的，如果我们能从潜意识愉悦他人，对方也会表示同样的好感。

展示好感的最好方法就是微笑。俗话说得好，伸手不打笑脸人，对于别人善意的微笑，我们怎么可能会拒绝呢？卡耐基还曾说，笑容能照亮所有看到它的人，像穿过乌云的太阳，带给人们温暖。行动比言语更具有力量，微笑所表示的是："我喜欢你，你使我快乐。我很高兴见到你。"人际交往中，我们对他人报以微笑，就会让对方被我们的善意和热情所打动，久而久之，他们也会对我们回以微笑。

黛嘉长得并不漂亮，但她喜欢笑，这使她成为公司里最受欢迎的人。她的笑容如盛开的花朵。如果说，世界是因为女孩的多姿多彩而变得美丽，那她灿烂的笑容就像阳光般照亮他人的心，感染了身边的每个人，成为公司里一道独特而美丽的风景。

　　每天，黛嘉都面带笑容，神采奕奕，读书、品茶、听歌、会友或旅行，凭着那份对生活的热情、对生命的感悟，她的脸上始终挂着最灿烂的笑容。在公司里，她喜欢帮助别人，充满爱心，从来不为小事斤斤计较。在同事需要帮助时，她会及时伸出援手，同时奉上让人百看不腻的笑容。当然，当她得到同事的帮助时，也会因为感激而绽放最甜美的微笑。

　　很多成功人士都指出，微笑是与人交流的最好方式，也是个人礼仪的最佳体现，我们可以从日常观察中发现，没有谁喜欢看到交往的对象愁眉苦脸的样子。因此，你若希望给对方留下一个好印象，就一定要学会露出受人欢迎的微笑才行。

　　在工作和生活中，没有人会对一个终日愁眉苦脸的人产生好感。相反，一个经常面带微笑的人，往往也会使他周围的人心情开朗，受到周围人的欢迎。在一般情况下，如果你对别人皱眉头，别人也会用皱眉回敬你；如果你给别人一个微笑，别人就会用更加灿烂的微笑回报你。

　　与人打交道时，在对方的第一印象中，你的衣着打扮固然很重要，但最重要的是你的精神状态。所以，当你踏入对方的"领地"时，如果对方首先看到的是一张阳光灿烂的笑脸，那么，你留给对方的第一印象就非常好，因为亲切而自然的笑容永远是受欢迎的。

所以，当你外出的时候，要记住：调整你的状态，端正你的脸庞，抬头挺胸，让自己精神饱满；呼吸阳光中的新鲜空气；真诚地对朋友微笑，跟他们握手时全神贯注；不要害怕被人误会，也不要浪费任何时间去思考你的仇敌。虽然每个人都知道真诚的笑容有杀伤力，然而并不是所有的人都能拥有它。想要拥有真诚的微笑需要训练。只要每天对着镜子练习，时间长了，你的脸上自然就可以形成习惯性的微笑。那么，人际交往中，想要拥有这种微笑，需要掌握哪些技巧？

1.笑要发自内心，真诚的微笑才能打动人

一个人只有内心被快乐、感恩与幸福包围时，才能流露出自然的微笑。一个人只有内心充满温和、体贴、慈爱等感情时，才会通过眼睛表露出来，给人真诚的感觉。因而，对于社交场上的人来讲，你所表达的微笑，应该是发自内心的，向对方表达的是："我喜欢你，我很高兴见到你，你让我开心。"

2.善于微笑，时刻保持微笑，才能让你更生动、更迷人

一个时刻微笑的人，会让人觉得有修养。因而，在不同场合、不同的情况下，都要学会微笑，以此来表达你对他人的感情。人际交往中，一个人如果能用微笑来接纳对方，既可以反映出他良好的修养，还可以帮助他打通局面。

微笑的力量非常强大，如果能够拥有它，就掌握了成功社交的强大武器。如果你也想要轻松赢得社交胜利，从现在开始，用微笑来面对你身边的每一个人吧！

笔尖心情，用文字记录点滴生活

生活中，我们总是感叹幸福在何处。然而，只要你留心，就会发现在这平淡的生活里也处处充满着甜蜜和温馨，你仍然能感受到快乐，例如在你累的时候细心体贴的爱人为你送上一杯热茶、下了班推开家门活泼可爱的孩子扑到你怀里的时候、在你的努力和付出得到老板真诚认可的时候、在你遇到困难得到陌生人热心帮助的时候……快乐源于生活，有趣的人总是能从生活中寻找到快乐。

然而，也有很多人感叹："我能感受到这些点滴的幸福瞬间，可似乎总是稍纵即逝，这些幸福似乎也总是被我们所承担的社会角色所掩盖，每天除了要承担繁重的工作，还有家里的事，这些就够我们忙活的。"你是否想过，用一种特殊的方式记录下那些点滴的幸福呢？这种方式就是文字。

也许你感叹自己粗枝大叶，感叹自己没有文学才华，但我们同样可以在闲暇时间，玩玩文字，写写自己的心情故事，用日记记录下幸福的点滴，自我安慰、自我欣赏、自我陶醉。

我们来看下面一个已婚女性的几篇日记：

听说附近中方圆小区出现与猪流感密切接触的人了。不知道采取什么措施没，怕怕的。天哪！这世界是怎么了呢。不是这病就是那灾的！最近不看恐怖片都够恐怖的！咳咳，完了，想咳嗽了……

今天心情不是很好，业主客户都不小心成了别人的，有点小小郁闷。不好玩，谁没失误的时候是吧。给妈妈打了电话，听妈妈说英表妹添了个大胖小子，哎，我这当姐的够不着啊，远呢，联系方式也没了。不合格，在心里祝福吧，总之是高兴的。

今天儿子不听话，怎么哄都不吃饭，我一气之下竟然打了他，真是不该，乖宝宝，妈妈向你道歉……

今天老板出差了，可以上网来感慨下。我刚过完26岁生日，25岁生日时，我知道自己已经不再有青葱岁月，不能再随意糟蹋自己的身体了，于是暗暗发誓，要养成三个好习惯来保养自己。①不再熬夜，早睡早起，12点必须上床。②每天喝普洱茶排油减肥，我知道我没法靠运动和节食减肥，也不想乱吃药，最后就只能靠普洱茶了。③不吃辣，只要我吃辣基本上第二天就会有痘痘冒出来。最后，一年来，12点上床我基本做到了，我发现秘诀就是少上网，因为晚上上网很容易就下不来，拖拖拉拉，只要是吃完饭就开始在电脑前坐着的晚上，基本上都是一两点才睡觉。现在我吃完饭后都不开电脑了，有时候10点多才开开扫一两眼，没什么网瘾了，就不会下不来网。第二点喝茶减肥，有效果，瘦了五六斤，主要是我本身也不胖，瘦五斤我挺满意的，人也更有自信了。第三点，基本上也做到了，现在家里完全不做辣的菜，出去吃偶尔会吃一点，解解馋，但是吃辣后长痘基本上没有困扰到我了。

现在超有成就感，今年还要再养成三个好习惯。①每天按摩面部，防止法令纹和其他纹的产生，用日前流行的田中按摩法。②学习化妆，我平时只是打个粉底，上个大地色眼影，每天都千篇一律，感觉再不学化妆就会错过原本应该多姿多彩的自己。③还没想好，可能是坚持锻炼，可是我怕自己做不到。

从这里，我们看到，日记的主人公虽然每天记录的都是些生活中的点滴琐事，但细细品味，却发现，正是这种浓厚的生活气息，让我们有种莫名的幸福感。

以一本《生死遗言》变成畅销书作家的伊能静，用文字记录着自己爱恋另一半的心路历程，书中说："写作是一辈子的，我不反对，而且更坚定地写下去。"阅读，开启了伊能静的世界，至于"写作"，对她而言，像是一个"出口"。

当然，不论哪种文字形式，都需要你做到坚持，哪怕一天就一句话，因为用文字记录生活并不是展示我们的文学才华，而是一种爱生活、珍惜幸福的方式！

"谢谢"，是一种感恩的仪式

相信在你成长的路上，总会被身边的长辈教导——做人要懂得感恩。的确，在人生路上，我们所有人，无时无刻不在接受他人的帮助、他人的恩惠，自打我们出生，父母就在孜孜不倦地哺育我们，教我们做人做事的道理；跨入校门，我们的老师就无怨无悔地把毕生所学传授给我们；当我们恋爱以后，又得到了爱人的疼爱；遇到困难，同事们也总是伸出援助的双手……我们需要报答的人太多。因此，如果你想心存感恩，那么，就请表达出来。表面上看，这只是一个简单的口头词汇，但从心理学的角度看，人们对那些彬彬有礼、懂得感恩的人更有好感，也更愿意与他们打交道。

"谢谢"不但是一种感恩的仪式，更是字典里最富有魅力的词汇，人世间很多词语会在出口的瞬间引发争端和祸乱，然而"谢谢"不会。这个魔力非常的词语表达了说话人此刻千头万绪、杂乱难理的心情。有的人认为"大恩不言谢"，不愿意说"谢谢"，他们认为对方和自己的关系实在是太不一般，说了"谢谢"似乎就是玷污了这段感情，"谢谢"只适用于陌生人之间。其实事实并不是这样。无论多么铁的关系也需要你用心去维护，用爱去打理。所有人都希望自己的努力换来的是感恩和回报，没有人愿意和一个不懂得感激别人的人生活在一起。

"谢谢"一词如此简单，简单到被很多人忽略的程度，从而导致他们在与人相处中错失了很多段好情谊、好姻缘。虽然对别人表达感激之情不是什么难事，但却是现代礼仪的重要内容，为此，在表达感谢时，你不妨注意以下几点：

1. 真诚表达

谁也不喜欢听到毫无诚意的感谢，甚至还会厌恶。无论什么时候都请记住：道谢不是一个表面工程，它需要你从内心深处去感激。真心实意地去表达感谢才会令对方感动、欣慰，才能使你们的友谊地久天长。

2.眼神专注

要想真正用感谢的话打动对方，你还需要在说"谢谢"的时候注视着对方的眼睛。其实不只是道谢，说任何话的时候都应该注视着对方的眼睛，眼睛是心灵的窗户，注视着他的眼睛才能和他有心灵上的交汇与沟通，让对方深深地感到你对他的谢意，而且发自内心深处的声音，真实不造作。

3.表达要自然，而且要称呼对方的名字说"谢谢"

既然是来表示感谢的，说话就一定要大方得体、诚恳坦率，不要扭扭捏捏一副羞涩的样子。如果你说"谢谢"的时候态度不大方，很容易引起对方误会：这到底是感谢我来了，还是讽刺我来了？明明很好的一件事情被态度搞砸了。另外，感谢时一定要称呼对方的名字。这点大家可能都没怎么注意到，如果有人说"谢谢你"和"谢谢你，小张"，你觉得那句好一些呢？显然是第二句更具有亲和力吧。称呼对方的名字能让对方全身心地感觉到你是在感谢他而不是别人，因此也能唤起对方心灵深处那种自豪感，在你记住他的同时，他也记住了你，这就是一个人脉资源规划的良好开端。

4.表示回报的感谢要有具体环境做依托

朋友帮了你一个大忙，同事为你介绍了一位新客户，这些都是值得你感激并且要及时表示感谢的地方。既然受人恩惠，当然要记得回报，尽管对方并不是冲着要你报答才来帮助你的，俗话说"投我以木桃，报之以琼瑶"，知恩图报是最上乘的美德。当朋友或同事明明需要你的帮助而羞于开口时，你一定要积极主动地帮忙，就像他们帮你时那样。此时为了维护他们的自尊，你完全可以不说透："这件事我正好熟悉，不然也帮不上什么忙……"或者"上次的事情多亏了你，否则我都不知道该怎么办。"总之，感谢一定要言之有物，握着对方的手一个劲儿地说"谢谢"，会把对方弄得一头雾水，而且达不到感谢的目的。

除了上述观点外，还需要注意的是，如果你为了表达对异性的感谢而想邀请对方共进晚餐的话，对方若是有配偶就一定把配偶也邀请上。因为谁也不希望自己的爱人和别的异性吃饭，即便我们再通情达理，这种负面情绪还是会不可阻挡地产生，从而影响家庭的和睦。

事实上，会说"谢谢"的人通常会给人一种正直、大方的感觉，相信当对方听到你的道谢时，心里都是很喜悦的，因为他们不仅仅受到了赞美，更重要的是自身的价值得到了肯定，自身的修养得到了升华。所以请聪明的你把心中的感激表达出来吧！只有把"谢谢"诉诸于语言，才会让对方知晓你的心，也才会让你的形象在对方心里永不褪色！

建立一种好习惯，一辈子持之以恒

俗话说，"习惯形成性格，性格决定命运"。而好习惯是后天培养出来的，坏习惯也是可以改变的。生活中的每一个人，都应该以敏锐的洞察力来审视自己的习惯。我们要相信一点：坏习惯是可以改变的。改变了你的那些瑕疵，你的命运也会如美玉般透亮。那么，怎样培养好的习惯呢？

有专家说："养成习惯的过程虽然是痛苦的，但一个好习惯的养成，将是我们终生的财富。因此，暂时的痛苦，又算得了什么？根据西方人文科学家的研究，一个习惯的培养平均需要21天左右，只要我们认真去做，就等于说我们吃了21天的苦，却得到了一辈子的甜，这是一个很值得和很高效的事情。此外，任何一个习惯一旦养成，它就是自动化的，如果你不去做反而会感觉很难受，只有做了才会感觉很舒服。"因此，关于好习惯的培养，我们不妨给自己订一个计划，然后用日程本记下自己执行计划的过程。那么，21天后，你将养成好习惯，坚持21天，你就会成功。坚持21天，就能改变你的意识，影响你的行为，为你带来超乎想象的成功。你又何乐而不为呢？

那么，我们该养成哪些好习惯呢？

1. 变懒惰为勤奋

在人生的征途中，勤奋是成功的必要条件之一，与此相对应的懒惰自然就成为成功的大敌。懒惰带来的"自我击败感"常常导致抑郁、消沉、烦恼、妄自菲薄等种种不良的情绪，它可以使人斗志涣散、精神沮丧，使人感到沉重的精神压力。因此，如果你是个懒惰的人，你不妨做出以下改变：不要天天叫外卖；学几道小菜，闲暇时做给自己吃；每天整理干净再出门，不要给人邋里邋遢的感觉。工作时，变主动为被动，积极起来；每天坚持学习……

2. 养成读书的习惯

多读书最大的好处是增长知识、陶冶性情、修身养性，坚持不懈地读书学习，便会懂得人生的真谛，充满对美好生活和光明未来的热爱与想往；就会树立自己的理想和奋斗的目标，因而就会有终生不衰的前进动力，就会使自己的精神世界得到充实，思想境界得到提高，道德情操得到陶冶。

3. 充满活力，动起来

身体是革命的本钱，运动也要养成一种习惯。当然，这需要你的坚持。在这21天的时间里，你可能会产生懈怠的情绪，如果你能鼓励自己坚持下来，你就会发现，运动让你充满活力。

4. 积极乐观

乐观是一种后天技巧，学习乐观有很多种方法。你注意过自己的走路姿态吗？你是抬头走路，还是低头走路呢？很多人都是迈着缓慢的小碎步低头走路的。这样的人大多很悲观。改变自己，从走路姿势开始。

首先，纠正自己的体态，昂首挺胸，大步快速地走路。

其次，改变自己的语调，让声音欢快、充满能量。

最后，多用快乐的字眼，用"挑战"代替"问题"，遇到"损失"的时候，想想这也许是个"机会"。积极的想法和行为都会对大脑产生积极的影响，发出快乐的信号。不过达到上述改变，要耐心一些，也许要4~6周的时间才会见效。

5. 尝试新事物

想过吗？学种乐器，学打网球，学习滑雪……尝试一下吧。如果其中的一种不能让你感到快乐，那就再试试别的。因为，经历丰富的人更容易保持积极的心态。积极情绪和消极情绪的最佳比例是3∶1，如果达到1∶1的话，很可能导致焦虑和抑郁。

6. 学会倾诉

无论好事坏事，谈论一下都能让人变得快乐，即使是在电话里。倾诉的过程可以影响人的记忆，也就是说，倾诉一段不好的经历，可以让这段不愉快的经历更快消失。如果有很多不同的倾听者，这种方法最奏效，也就是说，对不同的人重复倾诉会让你忘记烦恼，快乐起来。

7. 微笑

微笑吧，笑一下不会伤害你。微笑会让你更快乐。无论遭遇到什么事情，如果笑一下，感觉会好得多。微笑，让机会出现在你的身边。

8.经常喝水

我们每个人都应该认识到喝水的重要性，特别是在早晨，醒来之后喝一杯水不仅可以帮你醒肤，还可以滋润肠道，有助于一天的排泄。而且勤喝水有助于新陈代谢，帮助排除体内积累的毒素。洗澡前也不要忘记喝一杯水，可以补充洗澡过程中流失的水分。

当然，任何习惯的改变和形成，都是艰难的，但只要我们经历一段时间，一旦习惯形成后，它就会成为一种自动化的、下意识的行为反应。举个很简单的例子，每天早上出门前，我们都需要穿鞋，穿鞋时，你不是先穿右脚就是先穿左脚。在系鞋带时，你的习惯要么是把右手的鞋带从左手的鞋背后绕过来，要么就是反着绕。那么，明天早晨，你不妨反过来做，在穿鞋前，你先想好今天该怎么做，然后，你会有意识地进行改变，21天后，新的系鞋带的习惯就形成了。

你可以以系鞋带为出发点，每天早上，你可以提醒自己：在这一整天里都要改变其他的习惯性思考、感觉与行为；在系鞋带时对自己说："今天我以一种新的、更好的方式开始。"然后，一整天内都有意识地下这样的决心。

当然，改变是艰难的。因为那些已经形成习惯的行为是我们所熟悉的思想和感情引发的，要改变它们，我们会本能地加以抗拒，尽管我们也承认自己身上的那些习惯是有害的。因此，它必须是一个渐进的过程。如果我们试图在一夜之间变得成功，我们只会再一次面临失败。那么，给自己21天的时间吧，坚持21天，你会发现，你已经成功改掉那些阻碍你成功的习惯。

生活的仪式要从晨起的第一眼开始

我们都知道，习惯的力量是惊人的，它可以让你做出令人吃惊的事情。一旦某种行为变成习惯，当你重复这种行为时，感觉很顺畅；当你做出违背习惯的行动时，你会觉得十分不痛快。好习惯、坏习惯都是如此，可是有一句话说得好："学好难，学坏易。"当你养成坏习惯，想改掉它是一件需要下功夫的事情。同样，坚持生活的仪式也要养成习惯，将生活仪式化，那么，我们的生活品质也会逐步提高。

行为心理学研究表明：21天以上的重复会形成习惯；90天的重复会形成稳定的习惯。即同一个动作，重复21天就会变成习惯性的动作；同样道理，任何一个想法，重复21天，或者重复验证21次，就会变成习惯想法。所以，一个观念如果被别人或者自己验证了21次以上，它一定已经变成你的信念。也就是说，在21天内，如果你能控制住自己，那么，你就能成为习惯的主人，如果你无法控制自己的行为，你就会功亏一篑。

因此，我们可以说，仪式这一习惯的形成，关键在于你自己的观念，从晨起的第一眼开始，多督促自己，你就会看到成效，具体来说，你可以做到以下几点：

1. 起床要迅速

赖床是一种拖延行为，你的确可以多睡半小时，但接下来，无论是起床锻炼身体，还是为自己做顿营养的早餐，你的生活都会被打乱。因此，无论你想纠正什么坏习惯或者养成什么好习惯，都要从一个好的起床习惯开始。

2. 吃一顿营养的早餐

现代社会，很多人因为忙碌而不吃早餐或者草草吃个早餐，实际上，一顿营养的早餐才是最重要的。无论你接下来有什么工作和学习计划，没有充足的体力，都会影响它的效果。如果你觉得时间不够，那么，你不妨早起一点。

3. 做好一天的规划

你可以尝试像孩子一样，多培养时间观念，学会合理地安排时间(即使安排玩的时间也要有个度)，并且制订一下目标，有目标地去学习、做事情。

所有事物发生改变的前提都是要进行一定量的积累。好的习惯的产生就需要我们不断地进行自我优化，不断地改正所谓的缺陷，通过一段时间的坚持由量变到质变。而重视起床时的一段时间，能强化我们的自控意识，帮助我们完成任务。

第 7 章
热爱运动：强身健体也是一种仪式

　　生活中，人们常说"生命在于运动"，运动是保持身体健康的重要因素。长期坚持适量的运动，可以使人青春永驻、精神焕发。现代社会，对于每天处于紧张的工作和生活压力之下的人们来说，更要把运动当成一种生活的必备意识，如果你发现某些运动非常适合你，就会使运动更加有趣，如果你对某项运动非常期待，那么你也有可能会喜欢上这项运动。当然，运动贵在坚持，一项运动至少坚持三周。一个舍得持之以恒花时间运动的人，在他四五十岁时，岁月一定会报偿他！

运动，让你的身体永远轻盈

现代社会，人们对于运动的重要性早已认识到，运动是保持身体健康的重要因素。所以，人们才说"生命在于运动"。而其实，在人类历史上，对于这一点，我们可以追溯到2400年以前，医学之父希波克拉底就讲过："阳光、空气、水和运动，是生命和健康的源泉。"生命和健康，离不开阳光、空气、水和运动。长期坚持适量的运动，可以使人青春永驻、精神焕发。

现实生活的每个人，每天都要面对工作、生活、学习等方方面面的压力，不良情绪常常不期而至，为此常常失眠。对于如何治疗失眠的问题，不少人选择求助专业的心理医生，诚然，这是一种方法，但一直被我们忽略的是，运动是排解压力的一种行之有效的好方法。

运动的好处是显而易见的。根据具体的益处，我们可以选择适合自己的运动方式。

1.提升免疫力

美国华盛顿大学的研究发现，每周进行5次时长45分钟的心肺锻炼课程的人，发生感冒的次数是那些每周进行一次拉伸锻炼人的1/3。

适度运动能帮助我们加速身体的能量代谢，提升身体免疫力，以提升对抗外界病毒和细菌的能力。

那么，什么是适度的运动呢？以跑步为例，如果超过90分钟，反而会降低身体免疫力。

2.缓解身体自然疼痛

如果你身体的某些部位，如肩膀、脖子感到酸痛时，休息并不是最好的方法，最好的方法你可能想不到，那就是运动。

美国斯坦福高级研究所的科学家表示，那些长期坚持有氧运动的成年人同那些总是喜欢躺坐在沙发上的人相比，肌骨骼不适的概率低25%。运动可以释放出内啡肽，它是身体疼痛舒缓剂，还可以让肌腱不易被拉伤。

美国北卡罗来纳州大学的研究证明：关节炎患者在经过6个月低强度的锻炼之后，疼痛感降低25%，僵硬感降低16%。

你可以这样做：每周两次练习瑜伽或太极，可增加身体柔韧性，并且减少疼痛感。

3.获得"即时"能量

根据调查，50%的人一周中至少有一天会感到疲惫。同时，美国乔治亚州大学的研究者通过对70项不同研究分析得出：让身体动起来可以增加身体能量、减少疲累感。

你可以这样做：每天散步20分钟，或者进行40分钟某项特定的运动。

4. 更健康的口腔

美国凯斯西储大学的医学教授认为，牙线和牙刷其实并不是靓丽笑容的唯一法宝，锻炼扮演了重要的角色。他们最新的研究发现，成年人每周进行5次30分钟适度的运动，患上牙周炎的概率会降低42%，这种牙龈疾病会随着年龄的增长而发生得更为频繁。运动也能像阻止牙周炎一样抑制心脏病的发生——因为它能够降低血液中导致炎症发生的C反应蛋白的含量水平。

你可以这样做：除了保持适当的运动之外，最好每年进行两次牙齿清洗，如果牙科医生告诉你患上牙龈疾病的概率很高的话，那么还要增加洗牙的次数。

5. 提升语言能力

仅在跑步机上跑步锻炼就可以让你更加聪明。德国门斯特大学的研究表明，每周进行两次3分钟快跑（中间可有两分钟间隔），学习新单词的速度会比没有进行这一锻炼的人快20%，因为心脏快速跳动可增大血流量，向你的大脑输送更多的氧气。同时，还能激发大脑中控制事务处理、制订计划和记忆区域的更新。

你可以这样做：可用跑步上下楼代替跑步机。

6. 更快乐地工作

英国布里斯托尔大学的研究表明，积极的生活方式可以帮助你更好地完成每天的工作计划清单。他们发现，公司职员在进行完一套健身活动后，他们的思维变得更为清晰、工作完成得更快，而且与同事之间的合作也更加顺畅、富有成效。同时，可以避免生病耽误工作。

你可以这样做：参加健身课程，如果没有足够的时间，可参加午间的瑜伽课程。

7. 让眼睛更明亮

眼睛是心灵的窗户，更是我们心脏健康与否的窗户，运动对心脏有益，自然对眼睛也有帮助。

英国的眼科研究发现，积极运动的生活方式会令你随着年龄增长所带来的视力衰退的概率减少70%！

你可以这样做：如果条件允许的话，每天步行6千米，当然，白天在刺眼的阳光下运动的话，最好戴上防紫外线的太阳镜。

8. 提升睡眠质量

研究表明，每周4次、每次至少用一小时来散步或进行其他有氧运动的人，其睡眠质量相对于那些不运动的人要高50%。并且，随着人的年龄的增长以及压力的增长、周围环境的变化，人体的睡眠质量也会波动，而运动能帮助人们改善这种困扰，让身体获得新的适应环境的能力，进而得到更好的睡眠质量。

你可以这样做：每天要保证最少锻炼半小时。研究表明，对大多数人来说，夜晚少量和中度的运动并不会扰乱睡眠。

多走一走，远离亚健康

有人说，现代人总是如一只忙碌的小蚂蚁，总是脚步匆匆、心事重重，因为我们每天都要为生活操劳、为工作忙碌，很多人开始步入"亚健康"这一群体，当然，越来越多的人也认识到运动对于提升身体素质的重要性，然而，他们认为太忙了，哪有时间运动？其实，这不过是我们的借口，因为我们可以随时随地运动。

在美国人眼里，总统布什是他们运动以及锻炼身体的楷模。

布什没有那么多的时间进行户外训练，于是，他把跑步的项目放到健身房中，在力量训练上，他还进行坐姿推举、扩胸与扩背运动。

为了锻炼身体，布什经常利用一切可以利用的地方跑步。曾经在访问墨西哥途中，他就在空军1号会议室里的1台跑步机上跑了起来。可以说，布什是走到哪里就跑到哪里，他跑步的身影在美国许多地方出现过。在总统套房里、在戴维营的林间小道上，当然，还有位于白宫顶楼的健身房内。

迄今为止，他个人跑步的最好成绩是6分45秒跑完1英里。

布什每周跑步4~5次，举重至少2次。其中周四进行长跑，周日一般进行快跑训练，其他时间进行慢跑和器械练习。

也许你会说，我每天很忙，没有时间运动。布什难道不忙吗？所以，不要再给自己找借口了。如果你能坚持运动，那么，你不仅能减掉身上多余的脂肪，还能获得身心的放松。

实际上，亚健康正悄悄地威胁生活中的人们，所以我们应该适当地站起来走一走，健康、工作都会上一个台阶。下面是几条简单实用的小妙招，让你轻松远离亚健康。

1. 动起来，随时随地地锻炼身体

许多人在为自己的身体状况担忧的同时，又抱怨自己平时太忙，没时间健身。对此，一些专家建议，如果你没有时间去健身房，或者投身大自然，日常生活中也有一些随时随地健身的简易方法。那么，我们一起行动起来吧，办公室的紧张工作再也不是没有时间锻炼的借口。

2. 逛街

这是受很多女性欢迎的休闲方式，也是一种很好的有氧运动。当然，男性也可以，我们逛街少则一两个小时，多则三四个小时，这样不停地走动可以增加腿部力量，消耗体内大部分热量，达到健身效果。比起在健身房中的枯燥器械训练，逛街让我们在不知不觉中锻炼了身体，还愉悦了心情，是两全其美的健身方法。

3. 爬楼梯

长时间坐办公室不运动的人最担心体质下降，爬楼梯是最简单可行的方法。对于久坐的你来说，一天多次、每次花几分钟时间做爬楼梯运动，可增加静止时脉搏跳动的次数，增强心血管功能。此方法贵在坚持，每天都要爬楼梯才会有好的效果。

4. 办公室健身操

这也是一种不错的选择，端坐在椅子上，双脚着地收腹数十次，或者抬起双腿，尽量用双手将身体撑离椅子，再轻轻放下。这种一看就会的健身操可以让你在工作间隙轻松地健身。在各种瘦身和健身的网站上，有很多可供参考的健身操，选择一种适合自己的方式，定能在小小的办公室一隅找到一条通往健康和美丽的途径。

5. 跳绳

说起跳绳，可能立即会让你想起童年时几个小伙伴一起嬉戏的情形，这种最熟悉的童年娱乐方式，恰恰是最有效的健身方式之一。双腿并拢，轻轻起跳，两臂轮回，手腕旋转……别看只是简单的一根跳绳，舞动起来却是一种全身运动。跳绳所需要的空间不大，技术无须太高，是我们活动身体的方便之选。

6. 注意眼睛的保健

闭目养神或举目远眺树木，是一个闲暇时最简单、最便捷的保护眼睛的方式。如果长时间面对电脑，眼睛很容易疲劳，把眼睛闭上，稍稍地休息一下，让眼部肌肉放松，把那些烦恼的事情都抛在脑后，接着做做眼保健操，按摩眼睛周围的主要穴位，让眼睛得到适当的休息。这个方法同样需要坚持，对于眼部的保健要适时、按时，面对电脑一小时左右就要休息一下，这才是保持眼睛不干涩、不肿胀的最好方法。

因此，动起来吧，即便你每天很忙碌，也要抽空锻炼身体，让自己远离亚健康，在享受工作成就感的同时，也无须对身体的健康担忧，那么，现在就开始，站起来走一走吧！

瑜伽——一种静止的运动

瑜伽，这一源远流长的东方文化，虽起源于古老的印度，但却盛行于欧美，成为许多著名的影星、政坛要员、流行乐坛的宠儿，他们无不以瑜伽作为健身、减肥、减压的良方。美国歌星麦当娜练习瑜伽使身躯如少女般柔美，英国女王痴迷瑜伽，虽年至耄耋却依然风韵尤存，全球娱乐圈中很多人都对瑜伽很痴迷，香港影后张曼玉也练习瑜伽来纤体瘦身，保持优美的身材。

孙女士是一位医生。自年初医院对主任们实行末位淘汰制以来，心理压力很大，经常感到头昏脑涨、四肢乏力、心浮气躁，脾气也越来越不好。半年以后，她人瘦了不少，气色也不再红润，有人说她得了抑郁症。近几个月，同事们普遍反映：以前那个心浮气躁、总感不适的孙女士摇身变成一个稳重大度、耐心敬业的人。是什么让她放下压力、乐观地去工作与生活？孙女士说，是瑜伽，自从每天练瑜伽，她感到浑身有使不完的劲。

生活中，像孙女士一样存在心理问题的人并不少见。生活中的种种问题让他们情绪不佳，但却不知如何宣泄。其实，练习瑜伽就是一个很好的方法。

瑜伽为什么越来越受到大家的青睐呢？这不仅在于瑜伽文化的独特魅力，而且作为一种最自然、最具亲和力的运动方式，它适合任何年龄段的人练习。的确，瑜伽的好处很多，瑜伽能帮助我们协调身体和精神，还有助于我们预防疾病，瑜伽最大的特点是严谨的实践性、科学性和逻辑性。瑜伽能帮助人们减肥、健身，还能有效地帮助人们改善情绪，提高睡眠质量。总结起来，练习瑜伽有以下几大好处：

1. 安抚情绪

很多练瑜伽的人都称自己逐渐改变了火暴脾气。美国旧金山监狱于1997年对暴力上瘾者利用瑜伽和戏剧治疗，帮助他们冷静下来，从而帮助他们找到自己具有侵略性的原因。多做深呼吸，自然就学会放松，瑜伽不是单纯地扭麻花，也没有竞技动作的难度，而是在一呼一吸中找到宁静。

2. 变身美丽，更加专一

瑜伽最重要的是放松、平衡、获得宁静。每次练习的时候，老师让我们始终微笑，关注身体，让身体、心灵在一呼一吸中吸进纯净，吐出毒素。老师最爱说，是身体在做动作，不是脸在做动作。想想看，松了眉头，心脏就舒展了，身体就放松了，经常笑的人自然美丽，经常笑的人一定知足，心无旁骛。

3. 增进健康，延年益寿

一些体验过瑜伽的人可能有这样的感觉：瑜伽好像是和自己的身体过不去，尽是一些看似简单，实际好难的动作。的确，因为我们太缺乏锻炼，动动胳膊动动腿都会很难受。而且我们对身体只是使用，玩命地使用（熬夜工作熬夜玩），对身体不懂保养。但只要你练习，你会发现痛过之后是轻松，是舒展，是欣快感。练习瑜伽，不仅运动肌肉，更可以刺激人体的各个腺体。学会呼吸，更可以延年益寿。

4. 挺直脊椎，增加自信

挺直了脊椎，才能扬眉吐气地做人。瑜伽的练习中，老师总是强调这点。瑜伽能够增强自信的原因是：任何年龄，任何职业，只要是地球人都可以练，当然有些动作对于患有某种疾病的人是禁忌。但瑜伽动作很多，只要你坚持，一天练习一点，带着愉悦的心情去练习，你一定会发现，也许你别的事情做不好，但瑜伽只要坚持，就会有进步。

可见，现代社会，无论是追求美的女人还是想放松身心的男人，瑜伽无疑是不二之选。当然，如果从未接受过正规训练，最好不要随便在家里练习瑜伽，容易受伤，且效果欠佳，不妨先去学习，求助专业的老师。

腹式呼吸——吐故纳新，使人神清气爽

我们都知道，人靠呼吸存活，呼吸停止人就会死亡，呼吸的重要性无可替代，只有呼吸的人才有生机。然而一般的人大都只用浅呼吸——胸式呼吸过活。因此只用到1/3的肺，另外2/3的肺都沉积着旧空气。如果运用腹式呼吸法进行呼吸，肺就能够完全被使用。腹式呼吸能够充分调动体内气的功能，同时也为人体摄取足够的氧气。如此一来，既可净化血液，更能促进脑细胞活性化。

我国古代医学家早就认识到腹式呼吸有祛病延年的奇功，并创造了"吐纳""龟息""气沉丹田""胎息"等健身方法。唐代名医孙思邈对腹式呼吸尤为推崇，他每天于黎明至正午之间行调气之法，仰卧于床上，舒手展脚，两手握大拇指节，距身四五寸，两脚相距四五寸，数数叩齿饮玉浆（唾液）。然后，引气从鼻入腹，吸足为止。久住气闷，乃从口中细细吐出，务使气尽，再从鼻孔细细引气入胸腹。这种腹式深呼吸，吐故纳新，使人神清气爽。明代养生家冷谦在《修龄要旨》中写有养生十六字令："一吸便提，气气归脐；一提便咽，水火相见。"包含提肛、咽津、腹式呼吸三种保健练功方法，这也是他祛病健身延年的秘诀。

动物大多采用的是腹式呼吸法，而人类直立行走后，进化为胸部呼吸方法，这其实不利于人类的养生，那么腹式呼吸法

有哪些好处呢？

1. 扩大肺活量，改善心肺功能

腹式呼吸能使胸廓得到最大限度的扩张，使肺下部的肺泡得以伸缩，让更多的氧气进入肺部，改善心肺功能。

2. 消除疲劳

疲劳通常是精力不足和氧气缺乏所致，需要做深深的吸气运动来补充氧气。将两手交叉在小腹前呈水平姿势，手掌向上，然后吸气，双手缓慢地向上平举至下颌。手掌翻转向下，交叉的双手重新慢慢放下，并用唇尖呼气，发"f"声10次。

3. 治疗头痛

氧气不足常常引起头痛。吸气时双肩抬起，然后缓缓地呼气，双肩下垂。或采用双唇闭合法，呼气时双唇轻轻闭合，通过嘴唇的阻力吹出空气，做10次。

4. 减轻胃痛

胃痛常跟人的情绪和饮食有关。仰卧，屈膝，吸气时用手臂将膝盖尽量向身体方向拉紧。呼气，同时伸出双臂和双腿，做10次。

5. 治疗便秘

便秘的起因常常是身体和精神高度负荷，心情紧张或饮食不当。仰卧，屈膝，吸气时将臀部和腹部举起5秒钟，在缓慢放下的同时呼气，做10次。

腹式呼吸还包括盆腔运动，即在做腹部大呼吸的同时，配合收肛及舒肛运动以及缩腹上举，目的在于促进盆腔血流，因为盆腔中的脏器涉及人的内分泌系统、生殖泌尿系统，是一个不可忽视的部分。

接下来，我们要了解腹式呼吸法的具体操作。

（1）练好腹式呼吸首先要选择合适的地点和时间。地点最好选在空气质量好的树林里、阳台上等，时间方面一般在早上练习比较好，早上空气很清新。

（2）吸气时腹部慢慢鼓起，要深长而缓慢地吸气。吸气时用鼻子吸，越慢越好，嘴巴要闭紧，肺部不动。全身要放松，肩膀不能抬，两手自然下垂，站立或坐下练习比较好。

（3）为了确保吸气时吸到腹部，可用手按住肚脐下方一寸处，当空气自然进入肺尖时，你会感觉到手被推出一些。

（4）呼气时，最大限度地向内收缩腹部，胸部保持不动。这时把气流从嘴里长长地呼出来，呼气的同时不要再吸气。

（5）控制好呼吸的时间。一般一呼一吸掌握在15秒左右最好，吸气时控制在4~6秒，体质好的人可以屏息1~2秒；呼气时控制在2~4秒，有能力的可以屏息1~2秒。

（6）练习腹式呼吸要保持一个平静的心态，这样练起来才会达到最好的效果。如果心情不好，没有耐心，呼吸会很不匀称，练习就达不到满意的效果。

当然，任何运功都贵在坚持，每天练习1~2次，坐式、卧式、走式、跑式皆可，练到微热微汗即可。据研究，一旦改变了呼吸方式，许多常见疾病，如哮喘、支气管炎、高血压、心脏病、头痛病、忧郁症等症状，都会有一定程度的减轻，甚至对一些难以治愈的疾病，如慢性疲劳、月经紊乱及各种过敏反应，都会有很好的疗效。

旅行——让你的身心沉浸在另一个世界

曾经有人说过，人的一生只要有两次冲动：一次是为奋不顾身的爱情，一次是为说走就走的旅行。的确，人的灵魂与身体，至少有一样要在路上，而旅行可以增长我们的知识。另外，一个爱好旅游的人往往心胸更广阔，更有解决问题的弹性。

作为现代人，你们的压力到底有多大？无形的压力主要源自三个方面：工作、经济、健康。每天面对这些烦琐的问题，人们难免产生不良的情绪。于是，越来越多的人选择旅行这一减压方式。

的确，旅行似乎总是能帮助忙碌而又迷茫的现代人找到心灵的皈依，当我们情绪低落、当我们受到重大打击、当我们找不到前进的方向时，我们总能通过旅行获得新生的力量。

在旅行过程中，我们能抛开杂念，能通过自己的经历，思考自己不曾思考的问题，也可以忘却暂时的烦恼，让身心得到放松，建构起一个更加细腻丰富的内心世界，让身与心都能享受这次旅行。当我们迷失了自我，不仅能在旅行中重新找回自己，还能明白人生的真谛，更能让我们清楚知道自己今后的路该如走下去。

一位著名的芝加哥商人说，自己需要花一个星期的时间去拜访国内的各同行商店，彼此交换对经营的看法，每年总要外出旅行一次，去考察各家著名商店的管理与经营。他认为："要使自己能够站在广阔、不偏的视野上观察自己的素养，要保持自己的事业永不衰败，这种旅行是绝对的必需品。"在每一次拜访与旅行中，他不断地完善自己，努力使自己的商店更好一点。试想假如不出自己的店门一步，不同其他商人交流，那么他自己所经营的商店就不会获得进步，永远在原地踏步，直至被社会淘汰。

一段时间以来，婷婷的生活简直一团糟糕。先是她因为房产证写谁的名字，与男友闹掰了，已经谈婚论嫁的他们选择和平分手；接下来是亲手把她带大的姥姥因病去世，使她猝不及防；再就是她的工作，也因为与同事发生争执，不得不选择辞职……如此接二连三的打击，让婷婷应接不暇，无力招架，最终病倒了。

这次生病，让婷婷终于有时间静下来想一想自己的生活，唯一的结论就是真够乱的。思来想去，婷婷决定放下所有的烦恼和事情，出去旅行一段时间，就去她一直梦寐以求的云南吧。婷婷的旅行持续了15天之久，就是走走看看，漫无目的。

不过，她很清楚这段时间对她的心绪起到了极大的平静作用。旅行归来，婷婷就像变了个人，再次乐观积极地面对生活，努力地找工作，还准备好迎接一段新的恋情。朋友们看到婷婷的变化都惊讶极了，说："云南真是疗伤的好地方啊！"婷婷笑着反驳："不是疗伤，是整理。我觉得我之前的心情就像是一个乱糟糟的衣柜，里面塞满了杂乱无章的衣服鞋袜。如今，我已经借助于旅行的时间把它们进行了归类整理，这样一来，它们全都各归其位，再也不来烦扰我啦！"

的确，婷婷的比方非常生动贴切，一个人凌乱糟糕的心情，就像杂乱无章的大衣柜，里面塞满了各种无用和毫无头绪的东西。在这种情况下，要想获得心灵的宁静和有序，就必然要痛定思痛，静下心来认真思考自己该何去何从。

旅游可以帮你减轻压力，达到彻底放松、忘掉烦恼的效果，与大自然亲密接触，才能让你真正解脱！具体来说，我们可以罗列出旅行的以下几大好处：

1. 在旅行中减压

现代社会，压力大是很多人的通病，面对每天忙碌的工作和生活，很多人出现了亚健康的状况，甚至被疾病困扰，而要缓解我们的亚健康问题，旅行就是最好的方法之一。

出去走走，看看山水，换了环境，远离了让我们烦恼的源头，也不用去想那些让你犹豫和烦躁的事情，眼前只有美丽的风景。将自己融入自然之中，那种超脱红尘与世俗的境界，才是远离压力最好的办法。

2. 在旅行中充实内心

现代社会中的人们，并不是忙碌就会感到心灵充实，相反，很多人坦言，尽管忙碌却感到迷茫，其实，这也需要我们暂时放下工作、抛下烦恼，反思自己的前进方向，这样，才能让心灵更加充实，生活更加快乐。

我们不妨试着放下手里的工作，找个时间，去外面旅游，远离城市嘈杂的声音、繁忙的工作，扔掉心中的压抑与烦恼，让心灵更加自由，让心快乐飞翔！

3. 在旅行中净化心灵

繁忙的生活，是否让你对工作失去了热情，感到茫然无措、身心疲惫呢？怎样才能摆脱这种情绪，保持良好的心态呢？

总的来说，在旅行中减轻压力，充实心灵。从旅行获得内心的快乐，才是真正的旅行。这种快乐，不是简单的感官之乐，而是打动心灵的真正快乐。有谁不渴望获得真正的快乐？有谁不想让自己从繁忙的工作中解脱出来？让我们出发吧！旅游让你的心快乐飞翔！

第 8 章

培养兴趣爱好，帮你改变生活的平淡无奇

　　我们都知道，生活是平淡无奇的，生活里充满柴米油盐酱醋茶，为此，不少人说生活很无趣。其实不然，生活本来很有趣，只是我们放弃了有趣的选择。只要我们培养一点兴趣爱好，如弹琴、下棋、阅读等，并把这种爱好变成一种生活仪式，那么，生活自然会变得趣味横生。

文艺修养让你更有灵性和趣味

有人说，生活的仪式感，少不了文艺。如果太普通，毫无趣味可言，那么，他们的一生就会像胶卷一样，我们可以自己做主的部分很少，而一个以文艺为爱好的人，他就会在举手投足间展现吸引人的特质。

我们每个人都应该培养自己的文艺气息，这是我们珍贵的权利，也能帮助我们在平淡无奇的生活中增添一些色彩。

当然，热爱艺术并不是附庸风雅，也不是拿来作秀的，而是基于内心对生命和生活那种极度的热爱，自然流露出对艺术的浓厚兴趣，让自己的生活充满艺术的气息。做一个热爱艺术的人，让艺术成为自己生活中的一部分，慢慢品尝生活的美妙。

培养文艺爱好，能丰富自己的心灵，这些有文艺气息的人，就算再忙碌，也会用文艺来丰富自己的心灵，因此，他们的生活绝不是枯燥无味的，无论在人生的什么阶段，他们总是能散发出与众不同的气质。

生活中，任何一个人都可以从以下几个方面培养自己的文艺修养：

1. 绘画

有人说，懂绘画的人都有一双神奇的手，在他们的眼里，世界是多姿多彩的、是绚丽的，一切的一切，都能跃然于画纸上。在他们看来，无论外界怎么变化，他们都能让自己沉浸在绘画中，他们总是一身粗布衣服，并且总是沾满了颜料，但只要他们拿起画笔，就拥有了一种魔力，一张张空白的纸经过点缀后变得栩栩如生；当周围的一些人感叹寂寞难熬时，他们却为自己绘画技艺的提高而欣喜若狂……他们爱艺术，尤其爱绘画，因为他们觉得，画纸上的一切才是永不过时的美丽。

2. 舞蹈

在很多人眼里，尤其是女孩子眼里，都幻想过自己翩翩起舞的样子：在一片空旷的场地上，音乐声缓缓奏起，你穿着一双舞鞋，在音乐声中尽情地舒展自己的身体，尽情地表达自己的心情。

快乐的人爱舞蹈，舞蹈也能让人快乐，舞蹈要求动作优美，富有表情和节奏感，一般与音乐与光相结合，给人以强烈而直观的美的感受，也可以培养我们对体形美的认识和韵律感。

3. 摄影

有人说过一句精辟的话：摄影家的能力是把日常生活中稍纵即逝的平凡事物转化为不朽的视觉图像。我们可以说，任何一个热爱摄影的人都是生活的艺术家，都热爱生活，都有一双捕捉生活中美的眼睛，因此，他们眼中的世界与我们相比是完全不一样的。

　　当然，除了以上几个方面外，我们可以学习的还有很多，在竞争激烈、节奏加快的现代社会，为了生计而奔波，很多人都忙于追求名利、物质，却忽略了自己的内心，而当一个人独处时，可曾想过是否错过生命中更重要的东西？

给自己放一天假享受艺术生活

　　生活中，我们每个人都承受着巨大的压力，我们除了要奔走于职场，还要兼顾家庭，逐渐被生活奴役，这让很多人感觉被压得喘不过气来，而失去了曾经对文艺的追求，我们每个人固然都应该爱家庭、爱事业，但也要活出自己的世界。而艺术就能给我们带来高雅和品位，让我们学会用自己的眼睛发现身边的美并用心去感受它，的确，懂艺术的人更注重生活的仪式感，虽然他不是贴着标签的艺术家，但却有着极好的艺术悟性和艺术灵性。

　　事实上，我们每个人都要有自己的空间，如果没有自己的空间，我们的生活会变成什么样呢？因此，我们每个人都应该在生活和工作之余，为自己放一天假去享受艺术生活，去重新找寻自己最初的心。

　　灵玉是一个土生土长的杭州姑娘，有着江南姑娘的温婉之气，她的大学也是在杭州上的。上大学的时候，她很喜欢写诗，也正因为如此，她的才情打动了一个叫风的男孩，他们很快相爱，灵玉在男友面前小鸟依人，两人之间的感情也是如胶似漆。

　　毕业后，他们很快结婚了，灵玉跟着风离开杭州，去了广州，丈夫家经济条件不错，婚后不久，她就选择了现在非常时髦的一个角色——全职太太，刚做全职太太的时候，灵玉很幸福，天天逛时装店，定期去美容，日日围着庸俗的电视连续剧还有柴米油盐酱醋茶转悠。

　　时间过得很快，一转眼两年过去了，灵玉发现自己内心很恐慌，她说：她与丈夫的话题越来越少，自己已没有什么新鲜的东西对他说，只好天天充满好奇地听丈夫说一些外面的事情；她发现自己对丈夫的爱恋更小鸟依人、撒娇撒痴地缠人，和丈夫聊天成了她一天中最重要的内容；而且经常患得患失，一天不打三个电话给丈夫，她心里就落空空的。结果呢？

　　有一天，他的丈夫风挽着另一个女人的手对她说：我爱上了别人，咱们离婚吧。灵玉真是欲哭无泪。她对朋友说："女人，真的不能失去自我呀。""其实，当初他喜欢你的是你的才气，而结婚后，你只围着他转，记得你刚做全职太太时，我们都劝你不要放弃自己的追求，希望你能积极上进，成为一名真正的诗人。当时你听不进去……"朋友劝导她。

　　这则故事中，灵玉在结婚后便放弃自己的追求，一味地依赖丈夫、只关心家庭生活，最终连唯一依靠的婚姻也失去了。男人喜欢说：女人要有"女人的味道"。而这女人的味道中少不了的应该有一点：灵性。懂文艺的女人更像一个精灵，始终让男人充满好奇。

因此，我们应该把享受艺术生活当成人生的一种必须，即使你很忙，也应该拥有自己的空间，懂得给自己放假去感受家庭、工作之外的艺术生活，这样的生活才不会是烦琐的、一成不变的，也才能让你随着年龄的增长而沉淀出灵性来。

"家庭才是第一位的，管好自己的家庭，才有资格干别的！"

"艺术能当饭吃吗？还是想想怎么挣钱吧。"

……

不难发现，生活中的人，要么注重家庭，要么注重事业，甚至一点不夸张地说，不少人几乎把所有的时间都花在家庭和事业上，而唯独忘记该修炼自己的内心。很多人习惯地把自己的心囚禁在一个狭小的天地里，于是琐碎、烦恼、苦闷、忧郁随之而来。一个愁容满面的人在任何时候都不是幸福的。

无论什么时候，渊博的知识、良好的修养、文明的举止、优雅的谈吐、博大的胸怀，以及一颗充满爱的心灵，一定可以让一个人活得足够漂亮，哪怕你本身长得并不漂亮。活得漂亮，就是活出一种精神、一种品位、一份至真至性的精彩。这都在于一颗灵魂的丰富和坦荡。美化灵魂有不少途径，但对艺术的欣赏和享受是其中可行的、不昂贵的、不须求助他人的捷径。

总的来说，我们都应该学会偶尔给自己放假，去享受艺术，这会让你产生独有的魅力，因为你不可能永远年轻，但才华、素养可以与日俱增。

摄影——捕捉生活中的美

我们都知道，人生苦短，有太多值得我们纪念的瞬间，然而，瞬间的事发生得太快，我们还来不及仔细观察和回味，事情就过去了，此时，你大可以拿起相机记录那些点滴的瞬间，因为，能帮助我们留下这些瞬间的，就只有摄影。另外，懂摄影的人总是能从一堆破败的情境中"框"出美，生活也是这样，不可能任何事情都那么美好，但是如果你爱好摄影，你就能看到其中好的地方。

我们先来看下面故事中的这位主人公是怎样爱上摄影的：

陈默是一个摄影师，她出生于苏州，是一个温婉且有灵性的女子，她有很多爱好，如弹琴、喝茶，但她最爱的还是摄影。

好奇的朋友会问她怎么对摄影情有独钟，她回答："其实我也不大清楚，可能是机缘吧，很小的时候，我就喜欢照相，只要是能去镇上照相，我就能开心很久。

"大学毕业后，我送给自己的毕业礼物就是相机，这样，我就可以在闲暇时间背着相机去拍我喜欢的照片，可以背着相机去乡村田野捕捉自然的奇趣风景，也可以将花园的婀娜收入镜头。出门旅游少不了要带上它，当我在大海边、山林里，长城脚下、北京、苏州、上海等景区，也忘不了把这珍贵的杰作保存下来，回来慢慢欣赏。

"我是从拍人物开始进入摄影行业的，先给朋友、同事、亲人拍，后来，我就尝试拍风景，再发展就是喜欢拍民俗，一步一步，不知不觉就爱上了摄影。爱上摄影等于爱上了一条不归路，这种感觉无法用语言描绘出来，拿起相机不停地拍，这会让我产生一种难以名状的兴奋感。

"因此，可以说，我真正爱上摄影是从爱上大自然开始的，常常在美景面前忘了拍，常常拍着拍着不想拍了，收起相机静静地欣赏。不喜欢专门拍人像，不喜欢做作，我喜欢拍身边的人物，喜欢拍身边的朋友，想把他们最美、最有特色的一面记录下来。

"其实，我们的生活中有很多感人的瞬间，我就喜欢抓拍这些细节，例如，我喜欢拍下他们的喜怒哀乐，瞬间的表情是最美丽的，也是最深刻的。民俗也是我喜欢的一方面，我会找寻某个地方，去听老人们讲解当地的民俗和传说，然后我会用文字记录下来，配上我拍的图片。

"最让我震撼的还是日出，各地不同的日出，在拍摄的过程中深深体会到那瞬间的美。仅一个时辰，晨曦中露出的朝阳、晚霞中执着的落日，只在昙花一瞬间。这一瞬间激起了摄影者无比的兴奋，瞬间即逝的秒与秒之间，与摄影者的灵魂撞击出无数的、无与伦比的美感，于是乎新的作品——光影勾勒出深浅冲突的线条，朝阳和落日给这些线条、板块以无法用文字表述的、变化多端的神秘色彩，让人向往……"

从这段陈述中，我们看到一个摄影爱好者对于拍摄的钟情与痴迷。的确，有时候，摄影作品更能表达摄影语言：拍摄大自然风光照片的人不可能小气；拍摄美好笑容的人不可能灰暗；拍摄微小生命的人心中充满爱……

摄影是一门语言，一门不需要翻译的语言，拍摄者的世界观、个性、审美、心境都会体现在作品中。当然，摄影并不是要求你出大片、获大奖，而是可以通过镜头来实现梦想与现实之间的完美融合。

绘画——感受绚丽多彩的艺术世界

现代社会早已经是个多元文化的社会，我们任何人，都不可能只接受某种单一的文化，更不可能永不停歇地追逐时尚潮流。但无论如何，真正有着有趣灵魂的人不会人云亦云，也不会无聊时就呼朋唤友、推杯换盏，而是会经营自己的某一项爱好。

　　无论我们居住在哪个城市，城中过多的人为噪声和喧闹，那一幢比一幢更庞大、更拥挤不堪的建筑群，是否让人们日益浮躁不安，压抑、压迫着可怜的神经，让你的心境处于并不怎么美妙的状态？那么，何不寻个机会，去找寻自己当初对绘画的热爱呢？

　　在18世纪的法国，有个著名的女画家，她叫伊丽莎白·路易丝·维热·勒布伦，她一生热爱绘画，而且从未放弃过。

　　1755年，她出生在巴黎的一个艺术世家，先学习肖像画，因此成名后，她开始担任皇家绘画雕塑学院的院士。

　　1779年，她开始为王后玛丽·安托瓦妮特画肖像，成为玛丽·安托瓦妮特王后的好朋友。这给她的家族带来了无上的荣耀和尊贵的社会地位。

　　法国大革命期间，她被迫流亡在外。在此期间，她依然坚持绘画，欧洲各国的皇室和贵族们都能为得到她所画的肖像而感到荣幸。

　　1801年返回巴黎后，她仍致力于肖像画。一生共创作了800多幅作品，其中大多是肖像画。世界艺术家协会主席吴国化赞她："充满个性、真实感人、惟妙惟肖、巧夺天工。"

　　晚年的伊丽莎白·路易丝·维热·勒布伦终于放下了画笔，全心撰写回忆录。1842年，她于巴黎逝世。

　　可见，绘画爱好者永不孤独，他们喜欢徜徉在自己的世界里，将那些触动自己的事物尽情地展现在画纸上，这是一份充实而愉悦的收获。

懂绘画艺术的人更懂得生活，他们懂得该工作时工作，该乐活时乐活，而他们乐活的方式就是绘画，因为只有在绘画时，他们才能感受到生活的乐趣，这就是他们要的有仪式感的生活，他们积极乐观，有着始终向上的心境。他们更懂得，无论何时要充实自己，认真地爱自己，用艺术来丰富自己的人生。

总之，懂绘画的人一并不一定妙语连珠、口绽莲花，也不一定拥有财富地位，更不一定有很多朋友，但他们绝不矫揉造作，绝不伪装，他们会用画笔表达自己的内心，但他们同样很有趣，因为他们的精神世界是充盈的，他们更懂得享受一个人的精彩，他们绝不会因为寂寞而纠缠他人，不喜欢在灯红酒绿的场合消耗人生，因为绘画是他们抵抗独处时光最有利的武器，有了这把利器，纵使岁月老去，时光也会慢下来。

书法——用笔挥洒出写意人生

书法是我国艺术宝库中的精髓，是中华民族的光荣与骄傲。书法教育同其他艺术教育一样，能够培养我们的审美能力，陶冶情操。

有人说，我们作为人，就如同书法一般，上帝创造人，首先是其五官、身材，然后便是衣着打扮，首先是"字眼"，要把字写对；写对了，然后写正；写正了，再写得好看。不过，我们还是要善于从书法中寻找美、发现美。穷则变，变则通，通则久。一个人真正的美有先天得来的，也有后天修养所得。书法以及其他艺术，首先是天才者的事业，其次以苦学而成之者，或有可取。如我们学着有内涵、有品位、有学识、有气质，皆足以令人改观，寻常相貌便有不寻常之味。书法也要有内涵、有味、有识、有质。美人若没有气质，再怎么美丽，或许值得品味，但是品味不能久，更不值得玩之不厌。

然而，我们发现，在古代，在"女子无才便是德"的封建思想笼罩下，在漫长的封建社会中，妇女的才能受到极大的限制。闺阁中的诗书墨迹，一般也秘不外传。现代社会，尽管女性权利得到解放，尽管父母对教育的重视程度空前提高，但对女孩的书法素养的培养，却并未被父母列入教育之列。一些父母认为，这是男孩子专有的爱好，实则不然，女孩同样能用笔挥洒出写意人生。

很小的时候，我就很喜欢书法。上中学之前，我一直跟着奶奶住在乡下，那时候，每天晚上，我都会拿出一张大报纸，然后趴在桌子上写字。

后来，上初中的时候，我报名参加了学校的书法班，老师们都夸我的字写得好。再后来，我代表学校参加了市里的书法比赛，没想到还拿了第一名。从那以后，我就树立了一个梦想，我要成为一个书法家。幸好，母亲支持我的决定，每天晚上，我都会去书法老师那儿学上一小时。

现在，我已经实现了自己的梦想，当母亲看见书法展上我的作品时，她激动地流下了眼泪。

这则案例中，我们看到了一个热爱书法的女孩成才的过程，她把书法当成自己一生的事业，可喜的是，她成功了。

书法是视觉艺术，我们能用眼睛形象地看到书法的美，并把这种美深深地印在脑子里。所以我们要经常看书法展览、要读帖，来扩大知识面，寻找新的刺激，增加新的形象，保存新的记忆，不断地发现新的美。书法的内容要经常更新，不断扩大书法的内涵，充填新的知识、新的内容和新的认识。

那么，我们该怎样培养书法爱好呢？

1. 掌握练习书法的基本方法

例如，笔画"横、撇、捺"，如何逆锋起笔，我们首先要学习怎么执笔，然后买一些临摹字帖，逐步学习书法知识。

书法还是门技术，俗话说："光说不练是空把式。"摹帖是书法训练中不可缺少的环节，从唐代以来很多顶级书法家，都是从摹帖起家的。如唐代的冯承素、虞世楠摹王羲之的《兰亭序》可达到乱真的程度，成为后人学习王羲之墨迹的范本。元代的赵孟睿临摹多本字帖，后又用三年摹了大量的汉碑，最终成为一名顶级书法大家，为中国的书法史添上了光辉的一页。

2. 坚持练习，把书法练习融入生活中

在学习之初，你往往会因好奇产生一定的新鲜感，但书法的练习是枯燥的，是一项需要长期坚持的工作，你的学习热情也会逐渐减退，这要求你做到长期坚持。

3. 可以和家人一起练习书法

为了能真正坚持这一才艺，可以在闲暇之余和家人一起练习，这样能督促自己，也能加深夫妻和亲子关系。

4. 不断提升自己的书法技巧

在熟练掌握并运用书法的基本方法后，你可以进行一些提升，形成自己的书写习惯和技巧。

当然，学习书法确实有很大的困难，毕竟一开始书法练习是枯燥的，这就更需要我们积极寻找方法、努力坚持，只有这样，我们才能在书法练习的过程中逐步培养出自己优雅的气质，才能真正把书法练习培养成生活中的一种仪式。

第 9 章

品质生活，需要这些与众不同的仪式

生活是平凡的，这一点毋庸置疑，但绝对不应该是枯燥的，正是因为一些与众不同的仪式，生活才会真正地生动起来，有了生气，活泼泼的。一系列的准备活动更让人期待。所以说，仪式感其实就是对生活的重视，例如，你可以在餐桌上铺上你最爱的餐垫，精心挑选每一个别致的餐碟，静下心来，为家人做顿营养丰盛的早餐，你可以带孩子去听听音乐会、看看电影，为妻子（丈夫）选一件她（他）最喜欢的礼物等，正是因为这些看起来简单的仪式，让生活充满幸福。

经常下厨，让家人吃出好身体

中国人常说："民以食为天。"我们每天都需要摄取一定的能量，走在大街小巷，我们经常会被迎面扑来的小吃和美食诱惑，我们再看那些少男少女，走在路上，他们会怡然自得地享受美食。那么，作为父母，此时，你一定会瞬间想到自己的孩子，如果我们的孩子也这样肆无忌惮地吃路边摊，那确实会让我们忧心忡忡，但如果你是个精通厨艺的人，你还有这样的担忧吗？

所以说，现代社会，无论男女，都要懂厨艺，尤其在家庭生活中，你对家人的爱会融进厨艺中，做出热腾腾可口的菜，让一家人吃好，是温暖的，并且，下厨还能调节平淡的生活，让生活增添乐趣。

杨林是个事业上的女强人，经营了一家服装厂。她十年前离婚后就自己带着儿子生活，如今儿子已经14岁了，别人都说她不容易，又要工作，又要照顾儿子，但她却丝毫不觉得累，并且，她始终坚持每周做一顿丰盛的晚餐和儿子一起享用。

亲戚朋友们都说，家里有做饭的保姆，为什么还要亲自下厨呢？对此，杨林的回答是："妈妈对孩子所有的爱，都在饭菜里，一个家里，如果妈妈总是不做饭，亲子之间的关系会慢慢变淡。"

杨林的话是有道理的，其实，无论是谁，都要学点厨艺，这是热爱生活的表现，当一家人围坐在一起享用美食时，才是最幸福的时刻。因此，无论你有多忙，也要记得为了自己和家人的健康，科学而合理地安排我们的膳食，我们就能享受到品尝美食带给我们的乐趣。记住，我们爱美食！更要身体的健康！

的确，现代社会，我们任何人都需要打拼事业，都需要驰骋职场，不善厨艺也是情有可原的。在读书时代，只有读好书才能顺利升学，为将来的职业生涯打基础，在这个阶段享受家长无微不至的照顾，是不可能学习到厨艺的。进入大学，融入集体生活中，吃食堂，也没机会去学厨艺。大学期间应该是我们最快乐的时光，学习、恋爱是生活的主题。进入职场，我们更要全力以赴，没有精力去学厨艺，能让自己填饱肚子，不让自己憔悴也属不易。于是，顺理成章的，我们进入婚姻以后也不会厨艺。

进入婚姻，夫妻双方总要一个人会下厨，这样，才能保证爱人和家人吃得健康、放心。然而，我们看到的是，一些人为了省事，就常年和家人吃外卖，然后在某一天，我们忽然发现家人的身体一天比一天肥胖起来。直到此时，我们才发现自己居然忽略了最应重视的身体健康。肥胖带来的除了不雅观的庞大体形，更糟糕的是普遍存在的"三高"症。此时美食给我们带来的不再是享受，而是一种实实在在的诱惑和负担。为了健康，面对美食的诱惑，我们不得不先采取减肥的保命大计。不科学的饮食习惯给我们带来的负面影响实在不容忽视。

可见，为了家人的健康，我们也要学点厨艺。白天忙工作，回家后要照顾家庭，很辛苦，也没有闲功夫琢磨厨艺，就将就点了，不难吃就好，但其实你只要愿意尝试、愿意经常下厨房、看菜谱，也能做出像模像样的菜来。厨艺也在不知不觉中提高了。

实际上，我们应该是要懂厨艺的，在厨房忙忙碌碌，整出一桌美味，让家人一饱口福，一家人围着餐桌，其乐融融，是一幅温馨的画面。

所以我们一定要学会科学合理地安排我们的饮食，这样才能好好享受美食带给我们的乐趣。当然，我们在安排好家人的饮食起居和完成繁杂的家务之后，一定要懂得见缝插针地享受一下。例如给自己泡一杯香茶或咖啡，听点儿自己喜爱的音乐，夜晚临睡前适量喝一点儿红酒。这样的生活并非只有所谓的"小资"人士才可以享受，只要你想，你就可以！

阅读——净化心灵，摒弃浮躁

有人说，人的灵魂不能浅薄、庸俗、无聊，要永远追求最高尚的东西，而让灵魂有趣的方法就是读书，书是人类进步的阶梯；书是智慧的殿堂，珍藏着人生思想的精髓，是金玉良言的宝库。另外，读书还能净化我们的心灵，当我们内心浮躁不安的时候，不妨让自己徜徉在书的海洋中，你会发现，文字是世界上最为美妙的东西。

哲人劝说我们：多读些书吧，读些好书。因为，书能给我们带来心灵最深处的滋养，当你被尘世所烦恼的时候，书会带我们步入一个世外桃源，一个脱离了纷扰现实的精神殿堂。

1.读懂书，读懂自然

自然能净化人的心灵，让人返璞归真。自然的一切声音：风声、雨声、松涛声、犬吠、鸡鸣、蟋蟀叫都是动听的。听到它们的时候，是心情最宁静的时候。这宁静，是没有争逐的安闲，是没有贪欲的怡然。这些属于自然的美妙，只有爱读书，远离尘嚣的人才能听得懂、看得到。因为从书中，他能感受自然的每一天：红梅傲雪沐浴晨光中，感觉天地一片灿烂，心神清新而明朗；徜徉晚霞里，感到人生无限温暖，精神愉悦而高洁。即使坐在屋内读书，也要靠窗而坐，用心去依靠那一树摇曳的翠绿，去接受那清风的吹拂。

2.读懂书，读懂世界

爱读书的人看世界，觉得天蓝、地阔、人美。他把生活读成诗，读成散文，读成小说。对生活，他真心投入，用心欣赏，心里从不设防；对世人，他不装腔作势，不阿谀奉承，总透着一身书卷气。

3. 读懂书，读懂自己

爱读书，会使你生活情趣高尚，很少持续地去叹息、忧郁或无望地孤独惆怅，重要的是拥有健康的身体、从容的心态。只要心境能保持年轻，对于年华的逝去就会无所畏惧。高尔基说："学问改变气质。"看来，读书是人永葆青春的源泉。读书又是不分年龄界限的，年年岁岁都可读书，永远是一份不过时的美丽。

4. 视读书为人生最大的快乐

将读书作为人生最大的快乐，这样，当别的人正津津乐道时尚流行、张家长李家短时，你就能定下心来，让自己陶醉在书的世界里，洗涤自己、充实自己、独自感受忧伤，享受快乐。

书是知识的海洋，其实，爱上阅读并不是什么难事，关键是你要学会读什么书、怎么读书，慢慢养成良好的读书习惯，你就会爱上读书。为此，你不必刻意追求读书的数量。的确，我们不得不承认，现在市场上充斥着各种书刊，并不是什么书目都是适合阅读的，真正有品位，适合鉴赏的书寥寥无几。

约翰逊医生说："一个人的后半生取决于他读到的第一本书的记忆。"因此，你需要记住，如果一本书不值得去阅读，就大可以不读，否则，你只会让自己装了一肚子的书，却解决不了生活中的一个小问题。对此，找出你喜欢的、并优秀的文学作品，不要浪费时间阅读垃圾文字。

另外，要学会带着感情阅读，这有利于培养自己的表达能力以及想象力。你还可以写一些读书笔记，写出自己的感受。再者，睡前是最佳阅读时间，浅睡眠时期最容易进行无意识的记忆，因此睡前的阅读时间一定要把握。

有人说，和书籍生活在一起，你永远不会叹息！的确，只有书籍才有如此巨大的力量，无聊的时候翻开书，引人入胜、曲折离奇的故事会消除你的孤独与落寞感；迷茫的时候翻开书，大师们会为你解读人生，诠释生命，告诉我们生存的意义何在，人生的价值何在，为我们指引前进的方向，照亮我们前行的航向。

青茗沉浮，体会醇厚的甘甜

茶是中国传统文化的经典，中国人历来对茶情有独钟，品茶也品出了茶文化。或许，每个人都有品茶的经历，却没有把品茶当作自己生活的一部分。其实，品茗也是一种文艺修养，更是一种生活仪式，千万不要因为它口味苦涩敬而远之，也不要因为它的简单朴实而选择回避，以平和的心境，才能品出茶香之味来。在闲暇之余，静静地为自己沏一杯澄净的绿茶，茶味悠远，意味更悠长。只需一个杯子、一撮茶叶、一壶沸水，即构成极富情趣的生活。当沸水注入杯中，唤起了那干瘪茶叶的生命之源，随着缓缓流入的水尽情舞蹈，享受着水给予的滋润，慢慢浮出水面，因此，我们每个人，都要学会品茗茶，体会那醇厚的甘甜。

佛说："菩提本无树，明镜亦非台；本来无一物，何处惹尘埃。"品茶也是如此，是繁华落尽之后的落英缤纷，是年少浮躁之后的平淡真切。不同的茶代表着不同的文化。

普洱是最让人感慨的茶，沏出的普洱茶茶色浓重，乍看上去有种熬煎后的苦中药的状态，但实际上，它更像一个饱经风霜的老妇，时间让她沉重，却让人回味无穷，受益匪浅；碧螺春，则如一个淡雅的沐浴在春光中的女孩，时而偎依在老柳树下，时而躺在碧绿的草坪上，和春光一样淡雅，和春风一样给人清新之感；毛尖茶如其名，是所有茶中最有情的茶，它的泡制需要优质的水和细心的照料，方能回以最悠远的茶味；苦丁茶，入口极苦，细细品来，却是一种甘甜，沁入心扉的甘甜，有种苦也是甜，这就是苦丁茶，仿佛母亲的唠叨、老师不耐烦的谆谆教诲。

卢仝的《走笔谢孟谏议寄新茶》："一碗喉吻润，两碗破孤闷。三碗搜枯肠，唯有文字五千卷。四碗发轻汗，平生不平事，尽向毛孔散。五碗肌骨清，六碗通仙灵。七碗吃不得也，唯觉两腋习习清风生。"品茶不仅品出了茶味，更品出了人生真味。

徐静蕾身兼导演、演员和作家等多重身份，平时虽然生活极为忙碌，但下午茶早已成为她日常生活中不可或缺的一部分，她甚至创造出了自己的四季下午茶谱。徐静蕾说："工作之余，一个茶包加上两分钟时间，一杯醇香甘甜的红茶即刻便能完美呈现。红茶能舒缓解压，让我在小憩后拥有更好的工作状态。红茶在不同季节也有不同的搭配秘诀，干冷的冬天我会加些姜糖驱寒保暖；秋天则适合甜甜的蜂蜜，温暖惬意；夏天的时候加上点苹果酱，俏皮而健康；春天则加柚子酱，清爽美味。配合四季的心情创造多姿的红茶，给生活一点创意，给生活一点乐趣！"

再看《红楼梦》里，"贾宝玉品茶栊翠庵"那一章，庵主妙玉以旧年蠲雨、梅花雪液烹茶待客，"六安茶、老君眉、体己茶"，单这名字就令人无限遐想，再加上"海棠花式雕漆填金云龙献寿小茶盘，成窑五彩小盖钟、绿玉斗，一色官窑脱胎填的盖碗，九曲十环一百二十节蟠虬整雕竹根大盏"等茶具，那绝美的茶道，精美的茶器，令人感受到茶的清雅韵趣。闻着那兰香氤氲的茶气，即便是没有亲口品味，也已觉得齿颊留香。

中国的茶文化源远流长，自古就有"斟茶要七分满"之说，这是礼仪，更是一种茶道。品茶也有讲究，"天生成孤僻人皆罕"的妙玉说："一杯为品，二杯即是解渴的蠢物。"如果你仅仅把茶用来解渴，那你就辜负了茶叶、茶具。茶，本身就充满雅味，茶且品，便觉得是雅到了极致。品茶之美在于它的幽雅恬静，宁静的午后，沏一壶清香的绿茶，淡淡的茶香沁入心脾，蒸腾的热气迷住了双眼，茶叶在壶中摇曳，弥散亦迷离。

感受音乐的魅力，保持内心安宁

现代社会中，人们每天都必须面临繁重的工作压力和生活压力，难免会有情绪低落或者内心烦躁不安的时候，那怎样才能让人们拥有一颗安宁的心呢？我们发现，生活中，那些爱音乐的人总是生活得恬淡、舒适，总是能将自己置身于静谧的世界中。的确，那些音乐爱好者往往很注重对环境节奏性的表现，说话的语调柔美，声调抑扬顿挫，富有极大的磁性，语言逻辑严格，条理性很强，使周围的人们容易接受，心里感觉也比较舒服。

生活中，相信不少人都有这样的体会：心情不好时，听一首舒缓的轻音乐，慢慢就能静下心来，而听到熟悉的音乐，人们也会不自觉地跟着唱起来，这就是音乐的魔力。有人说，音乐是人类最美好的语言。的确，听好歌，听轻松愉快的音乐会使人心旷神怡，沉浸在幸福愉快之中而忘记烦恼。放声唱歌也是一种气度，一种潇洒，一种解脱，一种对长寿的呼唤。

我们先来看下面故事中父亲与女儿的第一次音乐厅之行：

我平时工作很忙，公司的事我都要亲力亲为，但我尽量抽时间和女儿待在一起。前段时间带女儿逛图书城，回来时在出口取了份文化艺术中心的活动简介，回家后上网搜了搜，发现有场小提琴演唱会，感觉不错，适合带女儿去听听。后来因忙于工作暂且搁置此事，近日又在网络上看到这场音乐会售票活动，想到女儿对音乐还比较感兴趣，也想让她多接触、熏陶一下。其实，我曾经就是个小提琴手，只是后来各种原因让我逐渐搁浅了这项爱好。毫不迟疑，我订了两张票。

晚上去听音乐会前，我找了些晚会经典的曲目，让她仔细地听，看看画面里描述了哪些曲目主题场景，以便略知一二，不会在听音乐会时不知所云。另外，在音乐会开场前，我们提前10分钟就到了，这样，一来不会误时，二来让孩子适应周围环境。

晚上的音乐会女儿听得很认真，时不时用小手打着节拍，比画着小提琴手拉琴的动作，这已经让我感到欣慰。

欣赏音乐，到现场听音乐会和在家看是不一样的，音乐会是视觉与听觉的综合作用，能潜移默化地培养孩子的气质和全面素质。如以后有合适的演出还想带她来，不指望学成什么样，只是让她感受深厚的艺术氛围，这样的艺术熏陶真的会给人美的感受。

故事中，这位父亲就是个懂得培养女儿音乐素养的人，的确，听音乐会只是为了熏陶女儿的艺术气息、扩大女儿的视野、丰富女儿的阅历。

可见，音乐有一种可以唤醒沉醉灵魂的力量。音乐作为一种艺术，它之所以能打动人，是因为它能以动感的声音方式表现出一种情感，它宁静致远、清淡平和的旋律，可以使终日奔忙、身心俱疲的现代人得到彻底的放松。

作为奔波于现代闹市中的人们，一定要懂一点音乐。在音乐的圣殿中，我们能暂时忘记生活的烦琐，工作的不顺心，能获得音乐给予我们的心灵滋养。

陈女士自己经营着一家公司，虽然公司已经有了一定的规模，但很多事情还必须她亲力亲为。为此，每天，她都必须游走于各个谈判桌、饭桌之间，不停地坐飞机、出差，她已经对这种生活感到厌烦，甚至可以说恐惧。她觉得自己必须放松一段时间。于是，这天，她开着车，带上读书时代最爱的小提琴，来到离市区很远的河边。

听着潺潺的流水声、空谷中鸟儿的啼叫、呼吸着新鲜的空气，陈女士拉起了小提琴，那些熟悉的旋律又浮现在脑海中，那些所谓的客户、订单、酒桌等都抛到脑后的感觉真好，不知不觉间她在车上睡着了，醒来后，她感到前所未有的放松，她心想，也许只有音乐能让自己的心静下来。

从那次以后，陈女士重拾了自己当年的爱好，每周末，她都会花上半天的时间练小提琴，陶醉在自己的音乐里，她很享受。

生活中，很多人都和陈女士一样，因为工作、因为生活，不得不四处奔波，硬着头皮在喧嚣的尘世中闯荡，长时间下来，他们疲惫不堪、精神紧张，却不知如何调节。其实，如果你能听听音乐或者学习一门乐器，你的心情也会得到舒缓。

另外，在医学上有个著名的音乐疗法，所谓音乐疗法，指的是通过生理和心理两个方面的途径来治疗疾病。音乐声波的频率和声压会引起人生理和心理上的双重反应。听音乐时，音乐能够启动大脑的情感中枢，这一大脑区域与人体在受到食物、性以及麻药甚至毒品刺激下变得异常活跃的区域完全一致。这一发现具有非常重要的意义，因为音乐不会像药品那样直接对大脑产生作用，所以这种间接作用就显得更为神奇。

音乐疗法是一种令人感到愉快的自然疗法，它能提高大脑皮层的兴奋度，改善人们的情绪，激发人们的感情，振奋人们的精神。同时，有助于消除心理、社会因素所造成的紧张、焦虑、忧郁、恐怖等不良心理状态，提高应对危机的能力。

音乐疗法在以下几个方面的疗效是显而易见的：有助于释放情绪，提高自我表达能力；减压、排忧解困；改善身体和情绪功能，提高情商；改善人际关系的能力及处事技巧；减少不恰当行为及增强自制；改善学习兴趣，提高身体灵活性；增加专注力与定力；强化个性气质；加快自我成长，提升自我价值，确定人生方向；缓解并医治身体的各种病症。

总之，任何一个人，行走于世，都应该偶尔静下心来给自己一段时间感受音乐的魅力，它会让你摆脱世俗的压力，获得一份安宁的心。

爱花人士必备的花语知识

生活中，我们常说："爱美之心，人皆有之。"提到"美"，我们都会想到鲜花，的确，任何人，都无法拒绝美丽的鲜花，这就是为什么大部分男性会选择送花来追求女性。除了接受花外，你应该也送过花，教师节表达对老师的感恩、母亲节表达对母亲的爱等，这些场合下送花都是极好的选择。当然，送花也是一种礼仪，以花为礼，可以联系感情、增进友谊。

送花，更是一门艺术，不同的数字，不同的颜色，都有不同的含义；不同的场合，不同的对象，更是要精心设计所送的花卉，不然，闹出误会，就适得其反。因为花卉是有生命的，它们也有自己的语言，听懂了、用对了，才能给爱花的人带去美好的祝福。

当每一种花都渗透了送花人的真情实意，也让受赠的对象明白了你的心声，那么送花的那一瞬间，便是快乐和有意义的。

为此，你可以了解以下常见几种花的花语：

（1）薰衣草。心理学家称，日常生活中，异性之间的约会，选择和布置紫色的场景，更容易增进彼此之间的感情。紫色是优雅、浪漫，并且具有哲学家气质的颜色。紫色的光波最短，在自然界中较少见到，所以被引申为象征高贵的色彩。

（2）康乃馨：象征母爱，是慰问母亲之花，宜在母亲节和母亲生日时赠送；去医院探望病人时宜送此花，以表慰问。

（3）情人草：蓬松轻盈，状如云雾，常散插在主要花材之表面或空隙中，增加层次感，起烘托、陪衬和填充作用，在婚礼用花中是最不可缺少的花材。

（4）向日葵：代表光明、活力，宜赠恋人。

（5）红月季：象征真挚纯洁的爱。人们多把它作为爱情的信物，爱的代名词，是情人节首选花卉。红月季蓓蕾还表示可爱。

（6）茉莉花：象征优美。西欧的花语是和蔼可亲。菲律宾人把它作为忠于祖国、忠于爱情的象征，并推举为国花。来了贵宾，常将茉莉花编成花环挂在客人项间，以示欢迎和尊敬。

（7）石蒜：代表优美、纯洁，宜在演出成功时赠艺术家；宜赠初恋情人，喻其清纯洁净。

（8）紫罗兰：花梗粗壮，花序硕大，花朵丰盛，色彩鲜艳，香气清幽，水养持久。紫罗兰象征永恒的美或青春永驻。深为欧洲及各国人民喜爱，意大利人甚至将它推举为国花。

（9）百合：象征神圣、圣洁、纯洁与友谊，金百合艳丽、高贵；白百合纯洁、无瑕，表示支持对方事业；宜送新娘，寓意未来生活充满阳光。

当然，要想学习送花礼仪，除了掌握不同的花语外，你还需要根据不同时机来送。例如，情人节的世界深情款款，母亲节的花亲情无价，教师节的花高洁朴素，圣诞节的花热情如火……不同的节日有不同的含义、不同的色彩，送花时你需要细细思量。另外，赠花也要把握时机，一年之中有许多节庆和令人难忘的纪念日，如春节、中秋节、情人节、母亲节、父亲节、生日、结婚、结婚纪念日等，不胜枚举，都是赠花的好时机。

第 10 章
有了仪式感，爱情才愈发甜蜜和长久

　　在恋爱和婚姻中，女性更注重仪式感，她们喜欢过各种各样的纪念日，她们认为，只有表白了才算恋爱，只有结婚了才算婚姻的开始，她们看重第一次牵手、第一次约会等。然而，对于很多已经关系稳定的情侣，尤其是男性会说："都是老夫老妻了，还要什么仪式感？"其实，无论是恋爱还是婚姻，最怕的就是平淡无奇，导致情侣之间的无话可说，甚至产生厌倦感，而仪式感能保鲜爱情，让两个人的感情在点滴的回忆中历久弥香。

用仪式感保鲜爱情

生活中，很多时候，我们总能听到一些已经结了婚的人抱怨婚姻是爱情的坟墓。一旦结婚了，恋爱时的浪漫便会被油盐酱醋所取代，爱人也不像以前那么爱自己，生活也渐渐平淡和乏味。事实上，如果你足够的聪明，你一样可以让你的爱人时时想着你、念着你，一样可以让他黏着你，让你们之间的爱情永远保鲜，而其中重要的一点就是在婚姻爱情中制造仪式感。

在大学里，张婷和一个叫李泉的男孩相识相恋了。经过4年的大学生活，两个人的感情越来越好，毕业后，两个人工作稳定了，随后走进了婚姻的殿堂。婚后的生活总是甜如蜜，他们两个人有比较好的家庭背景，所以结婚后，就可以说是真正的小资，有车有房的生活很符合张婷的品位。

结婚以后，张婷和李泉也一直都为对方留足够的个人空间，他们彼此从来不干涉对方的生活。每到周末的时候，他们都会各自去参加自己朋友的聚会，不管玩到多晚回家，他们都不会责怪彼此。

男人就是这样，你如果给他一点颜色，那他就会染满整片天空。李泉也不例外，他刚开始总是会比张婷回来得早，总是会煲好汤在家等待张婷，可是这样的日子并没有持续多久。

　　不久以后，李泉回来得越来越晚，而且有好多次都是喝得酩酊大醉。刚开始，张婷责备他的时候，李泉还总是承认自己的错误，可是到后来，李泉不仅不认错，有时候还会变本加厉。这样的状况下，李泉也就自然不会像以前那样关心和呵护张婷。

　　张婷是很注重生活品质的女孩，她又怎么愿意接受李泉对自己的忽视呢？可是，即使张婷责备李泉，李泉当时会答应自己改正，说完话后就会忘得干干净净。张婷眼看李泉不知悔改，于是就决定换一种方法重新找回热恋的感觉。

　　于是，在后来的几天里，刚好李泉出差了，张婷趁着这个机会，将家好好地布置了下，并且做了烛光晚餐，当李泉出差回来后，看到妻子已经在家等他，并深情地说："老公，今天是我们结婚三周年纪念日，这三年里你辛苦了，我知道你都是为了这个家才如此奔波，不过我更希望你花点时间陪我，可以吗？"听到妻子这番话，李泉也认识到自己对妻子的疏忽，将妻子搂入怀中，说："对不起，老婆，以后我会加倍呵护你。"

　　果然，第二天，李泉就恢复了以前的样子，不管上班还是在外应酬，都总是会给张婷打电话，回家后，也会给张婷煲好汤，而这时候的张婷又感觉自己像是回到了谈恋爱的时候，满脸的幸福不言而喻。

　　故事中的张婷感觉到结婚后丈夫李泉对自己越来越不重视，于是利用结婚纪念日的时机，制造仪式感，让丈夫认识到对自己的忽视，进而重新找回热恋的感觉。

　　自古以来，"爱情"都是人们谈论的话题，由此成就了无数凄婉哀怨、让人断魂的爱情经典，人们更是对浪漫的爱情充满憧憬。然而结婚后，夫妻天天生活在一起，每天重复着同样的事情，没有一点激情，久而久之，会产生乏味的感觉。那么，如何经营爱情和婚姻呢？很简单，为爱情保鲜。其中最为重要的方式就是经常制造仪式感，具体来说，我们可以这样做：

　　1. 创造生活情趣

　　一年365天，每天过的都是同样的生活，不是柴米油盐，就是锅碗瓢盆，谁都会腻，谁都会烦。因此，不妨转变一下生活方式，偶尔给对方一个惊喜，在穿着、发型上变换一下，或者将卧室内的布置变换一下，都会使爱人感到新鲜。

　　2. 小别胜新婚

　　不要总是24小时和你的爱人黏在一起。小别胜新婚，你不妨趁出差的机会给爱人一个想念你的机会；不妨偶尔和爱人分床而睡，这都会增加你的神秘感。

　　3. 主动制造一些小浪漫

　　不可否认，无论男女，都喜欢浪漫的爱情氛围。但是，即便你们很相爱，也必须要面对柴米油盐和养家糊口的责任因此，我们要适当激发出对方对爱情和婚姻的热情，例如适当地做一次烛光晚餐，或者是准备好两张电影票，看一场浪漫的电影等。当对方的热情被你调动起来的时候，他们就会更加呵护你、爱你。

为什么女人喜欢过纪念日

在很多男人的心里，他们一直有这样一个疑问：为什么几乎所有的女人都热衷于过各种各样的纪念日？例如相识纪念日、结婚纪念日，或是生日、七夕、情人节等各种节日。当他们追求女生时，往往把这些仪式作为某种契机借送礼物表明心迹。然而一旦关系确定下来，又把这些纪念日抛之脑后，甚至以此为困扰，不胜其烦。男人们给出的理由是，都老夫老妻了，做这些没用的干吗。

然而，在女人看来，这类仪式是对枯燥生活的安慰，也是检验爱情的一项标准，她们通过这些小小的仪式，获得快乐、感动、回忆，还有被爱的安全感。

很多人会说，内容远重于形式，如果两人相爱，每天都是情人节，何必在乎这些没用的仪式呢？

然而，仪式本身确实存在一种神秘的力量，它是将体内的某些东西带往外界的过程，是将心灵的感知物化的过程，是将隐秘的情感意识化的过程。

对此，我们先来看下面一位女士的微博心情：

又是每年的情人节，在朋友圈里卖衣服卖化妆品的微商们可着劲儿广告自己的产品；办公室里的男同事热火朝天地讨论该送女朋友什么礼物；商场里各种节日促销满天飞。

我和老公虽已结婚6年多，已迈入老夫老妻的行列，但在这种铺天盖地的宣传的节日气氛里，内心也小小期待着，我这个木头老公不知能不能稍微有点表示？

记得今年结婚纪念日那天，老公破天荒要带我去浪漫一次，吃个烛光晚餐，结果去太晚了转了几圈找不到停车位，后来我提议干脆回家煮一锅泡面吃，但心里还是美滋滋，毕竟我在乎的不是一顿烛光晚餐，是他的心意。

为什么大部分女生都喜欢纪念日之类的日子？恋爱过的男生应该都有感触，女生总喜欢在这些纪念日上计较，有些嘴上说不在意，你若当真一点也不表示，那就做好女朋友莫名其妙生气的准备吧。

女人喜欢这些纪念日，其实不需要多么轰轰烈烈的表示，也不需要多么贵重的礼物。一枝花、一封情书甚至一句暖心的情话足矣。

就这么简简单单一个仪式感，给你们的平淡日子注入新的活力，你会体会到内心的某些东西发生了微妙的变化，感受到自己的柔情，感受到对爱人更深的爱意，体会到一种责任感。

如法国童话《小王子》里说的，仪式感就是使某一天与其他日子不同，使某一时刻与其他时刻不同。

仪式带有一种决定性，不光要向爱人表达心意，更多的时候它是对自身的一种明示。例如新年，其实时光是连绵不绝的，而我们人为地设定了辞旧迎新的时刻，为年岁添加了仪式感，也为自己找到了一个重新开始的时机。

不要说仪式感没什么用，它能给我们带来更加直观和深刻的记忆，而我们也需要仪式感来表达内心的庄重与情感。它让我们把波澜不惊的日子过得有滋有味，能给我们带来愉悦，带来美，带来爱与被爱的美好感觉。

仪式，是对我们所爱之人的礼赞，是对我们自身情感和觉知的一种深度整理，更是对生活的一种郑重其事的热爱。日子细水长流，需要偶尔的浪花飞度。生活需要小小的仪式感，为对方也为自己。

别让夫妻成为最熟悉的陌生人

我们都知道，热恋中的男女总是如胶似漆，有着说不尽的甜言蜜语。一旦结了婚，除了生活中的必要语言，他们就没有过多的交谈。有的夫妻一改热恋时的亲密与热烈，婚后对情感的表达往往显得忸怩，甚至无话可说。而导致这一问题的原因在于我们忽视了沟通是婚姻中最重要的仪式。

我们发现，周围的一些人，他们在外面可以和领导、同事、客户、朋友、同学分享各种生活感受、人生经历，偏偏回到家就没话对另一半说，久而久之，两人的共同话题越来越少，就算能够分享，也仅限于家务事。从婚前的千言万语到婚后的三言两语，两人渐渐成为"最熟悉的陌生人"，看上去客客气气，其实没有心灵的沟通。

陈太太一度因为婚姻问题很伤脑筋，因此，她的亲人们把她和丈夫拉到一起，希望找出问题的症结所在。

"他是个以事业为重的人，总是忽略我的感受，甚至认为没有必要主动关心我，因为他已经给我提供了优渥的物质生活。这种没有爱情的婚姻比发生了婚外恋的婚姻更让人无法忍受，所以我也被弄得没什么兴趣和他说话了。"

对此，陈先生的回答是："她是个性格内向的人，习惯把所有的话都埋藏在心里，不交流。也许她的内心有着太多的念头和想法，但她却没有任何要和我分享的打算，对朋友说的话总是比我说得多。我们的夫妻生活中，也是平淡无味。我曾去咨询过心理医生，医生分析说，她这样的人其实相当脆弱，并且害怕伤害，常常自我封闭。这些年不知道是不是受她的影响，我也变得沉闷不说话。"

后来，陈太太表示，她心里也十分想与丈夫沟通，但一直却因为太矜持，觉得应该由丈夫主动。不过庆幸的是，在亲友们的帮助下，她决定心平气和地与丈夫进行一次沟通。目前，陈太太正积极地接受与美容相关的培训，为自己寻找一份事业。

从这个故事中，我们可以看出，只有主动的沟通，才能及时解决婚姻生活中出现的种种问题，才能避免矛盾的淤积。那些正在享受幸福婚姻或是遭遇婚姻障碍的人，都有着相同的感受：牢固、美满的婚姻是建立在坦诚的沟通之上的。

心理学家指出，爱情需要经营，结婚以后也一样，夫妻之间对生活的感受也要经常分享。夫妻双方来自不同的家庭，不同的成长经历、文化背景、社会关系，导致双方价值观、思维方式、生活需求及解决问题的方式等存在差异，这些差异在恋爱阶段不易发现，婚后一起生活的时间长了，则越来越多地暴露出来。良好的沟通会使双方增进了解、相互适应，有助于建立牢固的婚姻。

一位美国资深婚姻专家说："没有不良的婚姻，只有不良的沟通。"在现实生活中，婚姻的许多问题正是由于沟通不良引起的。对此，浙江大学一位社会学教授也表示赞同：很多婚姻的破裂，就像《中国式离婚》中的两位主人公一样，是由于生活中的种种误会、矛盾没能及时沟通，日积月累，最终使婚姻走到破裂的边缘。

要维系一个好的婚姻并不是不可能的，关键不在于你是否够幸运能遇到一个不会有问题的爱人，而是你是否能在相处中学习沟通与成长，化危机为转机。所谓的沟通，不是要你说服对方顺从你的想法，而是要了解对方的想法，并找出异同之处，求同存异。而成长，也不是一味指出对方的缺点并要求他改变，而是要接纳对方指出自己的缺点，从改变自己做起。

关于婚姻中的沟通，有几点需要我们记住：

1. 学会沟通和谈判

沟通使对方了解你有什么需要、愿望、变化和感受，这是夫妻保持关系畅通、活跃的重要方式。

2. 当婚姻面临挑战时，共同面对

夫妻双方应该是互动、和谐、互助的。当爱人脆弱的时候，你应该帮助他坚强起来，渡过难关。

3. 精心呵护情感才能百年好合

当发生争吵时，如果是你的问题，你就要主动真诚地道歉，有了良好的认错态度后，对方自然会虚心地自我批评，一个和好的表示，可以软化双方气愤的情绪，甚至因为得到沟通，宣泄了负面情绪而加深彼此的理解和感情。

4. 不断更新才能天长地久

永远的幸福就是能够保持新鲜活泼的感情关系。如果有一部分失去了，你要再造它；如果破坏了，你要修复它。必须经常给你的婚姻注入新鲜活力，婚姻才能长盛不衰。

总之，夫妻之间过多的争论只会伤害感情，可以向对方多提一些希望和建议，而不是无休止的埋怨，多一些赞扬，少一些批评。保持幸福婚姻的技巧不是与生俱来的，需要在生活中不断学习，在生活过程中去获得。学会给自己的爱情充充电吧，敞开心扉，打开话匣子，表达自己，让对方了解，你会发现，原来和爱人分享生活感受是那么美好。

懂得珍惜，真爱经不起瞎折腾

爱情与婚姻中，无论男女，当你步入婚姻殿堂的那一刻，你就要把自己那些关于爱情的美好憧憬收藏起来。这不是说你们的爱已经终结，而是说你们的爱才刚刚开始，这种刚刚开始的爱更多的是需要你的尊重、理解、宽容和珍惜，因为所有的感情都禁不起瞎折腾。正因为如此，婚恋专家曾指出，在婚恋关系中，彼此相互尊重和珍惜，才是最高级的仪式。

生活中，我们经常听到女人这样质问男人："×点到×点之间，你在干什么？"以此来确定他有没有"作案"时间。而一部分女人在发问时，往往抱的就是这个态度，似乎男人一刻不在女人眼前出现，就是在外面有不轨行为。

其实，男人应该拥有自己的生活空间，这个空间是自由的，毕竟男人有着自己的事业和交际圈，爱他就要相信他，相信他就要给他呼吸的空间，一次两次责问可以，多了就有"间谍"的嫌疑，彼此之间就会产生隔阂。从法律上讲，男人是没有义务事事向女人汇报的。有些女人也许会说，我的那位就不生气，我问他就会老老实实地回答。而这不一定就是好事，男人让着女人并不代表他就是怕女人，他或是心疼，或是不屑于纠缠，就算是真的怕了女人，那这个男人也就彻底失去了棱角，成了"妻管严"。所以，对此女人千万不要引以为豪！

如果"××点到××点之间，你在干什么"这句话是从女人温柔的小嘴里飘出来的，倒是会让男人感动一下，它体现的是女人对男人的关心，因为这句话后面隐去的是"我都担心死了"，但若是横眉质问式的，就会让男人反感，因为这句话在警察审问犯人的时候出现频率最高。

当然，这些情况在男人身上同样也有，一些男人也会因为所谓的缺乏安全感而在爱情中不断折腾，让爱人感到窒息，他们自以为这是爱对方，但其实，爱情不仅仅是一种感情，还是一门学问。我们若想珍惜爱，就要做到包容一点、大度一点。

那么，具体来说，我们该怎样做呢？

为此，无论男女双方，都需要记住：

1. 女人要信任男人

任何一个女人都要明白，即便你的男人爱你，你也要注意不要解剖了彼此的心灵，那样的话只会留下情感的僵尸！谁都想要灵与肉完美的爱人而不要僵尸。

生活中，我们常提到"信任"一词，可以说，信任是爱人之间感情存在的基础，一对互不认识的男女牵手靠信任，恋人由恋爱进入婚姻的殿堂也需要信任，任何一个男人，都希望自己的妻子或女朋友能够充分信任自己，而猜忌是感情的最大杀手，事实上，猜忌也是婚恋中女人的通病，在我们的身边，我们似乎总是看到这样一些看似"精明"的妻子，她们翻看丈夫的公文包、探询丈夫的行踪、查阅丈夫的手机信息，试图为自己的猜想找到蛛丝马迹，结果往往酿成一场场家庭悲剧。

的确，我们不能否认的是，女人的猜疑心、控制欲是与生俱来的，而且缺乏安全感在现代婚恋中表现得更加明显，尤其是现代社会，家外花花草草的诱惑真的很多，女性更是防不胜防、管不胜管。但假如你因缺乏自信而心生怀疑，因担心男人去采摘路边的野花而处处设防，并因此通过一些私人物品捕风捉影，只会激怒对方。爱需要自由的空间，再长久的爱情都经不住质疑，感情一旦产生信任危机，便岌岌可危了。对于任何一个女人来说，都要上好这一堂课。

2. 男人要体谅和理解女人

可能很多男人在婚前都对女友百般疼爱，尤其是在追求爱情的过程中更是使出浑身解数，说尽甜言蜜语，但一旦结婚，似乎就有一种"既成事实"的感觉，认为只需要赚钱养家、给老婆充足的物质生活即可，实际上，婚姻中的女人同样需要各种体谅。很多男人常说，女人是一种奇怪的动物，你根本无法了解她内心想的是什么。的确，男人很难读懂女人，更难读懂自己的妻子。也许男人根本没有用心去读过。其实，女人是可爱的，也是脆弱的。而人群中，你最关心的女人——你的妻子，常常可能也会让你感到疑惑，可能她嘴里问你为什么不表示意见，心里却生怕你表示意见。她嘴里叫你滚开，心里却想你把她搂得更紧一点。良妻有黄金的价值。

总之，"爱"这个字眼是阳光的，而在一个充满了猜忌、自私的环境里，爱会消失殆尽，而在一个相互尊重、接纳、诚恳的环境里，爱会茁壮成长。

每天说点甜言蜜语，为感情增温

生活中，性格外向的人往往能说会道，很容易和别人打成一片，而那些沉默寡言的人，大都是自卑、抑郁的代表。每个人都向往幸福，追求快乐，健谈的人往往能够通过言语的赞美，使人享受到关心、在乎和温暖，因此，我们可以说，一个健谈、会说甜言蜜语的人更讨人喜爱。

同样，在婚姻爱情中，我们也都要认识到，每天对爱人说句甜言蜜语是一种经营感情的仪式。例如，恋爱中，男孩会说话才能讨人喜欢，嘴巴甜一些，女友也欢喜，尤其是见对方父母的时候，能说会道的人更容易让对方家长接受。其实只是多说几句好听的话，自己也不会损失什么，又能得到别人的喜欢，何乐而不为呢？

　　在恋爱期间需要甜言蜜语，走进婚姻的殿堂后更需要甜言蜜语来滋润婚姻。在讲话的时候，不要太苍白，太没有情味，讲话直来直去，缺乏爱意，这样会招致情感上的冷淡，甚至走到家庭破裂的边缘。相反，有时候，一句甜言蜜语却能消除隔阂、解除矛盾、增进感情。

　　不少女人认为，女人才应该是被人爱护、听人讲些甜言蜜语的。通常，女人抱怨自己的丈夫忽略她们，不知道赞扬她们时，往往也吝于对丈夫赞赏示爱。然而，最能够体贴地表示出爱心的女人，在付出爱的同时，也从丈夫那里得到了需要的一切。

　　其实，爱情的饥渴并不是女性专有的一种疾病，男人也会患这种"病"。曾经有人把夫妻间对爱情的冷淡叫作"精神食粮不足"。这个比喻很恰当。因为，男人不是只靠面包就活得下去的，有时候，他们也需要一杯充满爱的咖啡——还要在里面加一点方糖。

　　当然，能说会道并不一定是要多说，而是要说对。说话谁都会，但是能够说得有技巧，说出来不让人反感，才是真正的会说。会说话的人，能够准确地表达自己心中所想，并用恰当的词汇来修饰；会说话的人，能够把道理有条理地讲出来，不会让别人感到混乱；会说话的人，说起话来轻松自然，任何人都能够很快理解他的意思；会说话的人，通过说话来表现自己，通过说话来增加别人对自己的好感。

　　总之，不论是热恋中的情人还是夫妻之间，爱情的表达并不是多余的，它可以将平淡的生活之海激起一朵朵五彩的浪花。但现实生活中却有许多人忽略了这一点，结果感到婚后的日子平淡无奇，少了激情，更有甚者陷入情感危机。其实有时候，一句直抒爱意的"我爱你"，分别时候的一句"我想你"，对你来说可能只是举"口"之劳，可对对方来说却是倍感温馨。如果你有心让对方知道自己喜欢他们，对方不会毫无感觉的，热情与接纳是促成"来电"的催化剂。

第 11 章

每一个自己重视的瞬间，都应该有一个独特的仪式

提到仪式感，很多人认为仪式感就是吃一顿西餐、喝一杯咖啡，或者庆祝某个纪念日，而其实，仪式感是对用心的生活和今天的努力的一种勉励，可以说，每个奋斗的今天，都是一种仪式，每一个努力的瞬间，都应该被纪念。因此，我们每天都要为梦想奋斗，努力向前，充实人生，这样，才能一步步朝着梦想迈进。

年纪并不能阻止我们追逐梦想

从小到大，每个人都会有许多梦想。有人说："年少时，梦想往往很远大；成年后，梦想常常会缩小。步入盛年，我们的梦想或许越来越少；但是，我们的梦想不再不切实际，而是可以通过努力去实现的。"实际上，一个人只要心中有梦，年纪并不能阻止我们追梦。

有人认为，梦想是一种虚无缥缈的东西，并没有什么作用。其实，这种想法是错误的，梦想能够使人产生一种力量、一种信念，更重要的是，梦想能够成为现实。马云最初梦想创建阿里巴巴的时候，有人甚至讽刺他："你要是能创建阿里巴巴，轮船都能开到喜马拉雅山上去。"然而，马云并没有放弃自己的梦想，他凭着不懈的精神，不但成功地创建了阿里巴巴，而且使阿里巴巴成为世界五大网站之一，最终到达了自己心中的远方。

美国著名作家杜鲁门·卡波特说："梦是心灵的思想，是我们的秘密真情。"梦想对于每个人来说，都有一种巨大的魔力，能够不断地召唤我们前进，寻找心中的远方。无论自己的梦想是多么模糊，无论自己的梦想是多么的不可思议，年轻人都要听从心中梦想的召唤，紧紧跟随着它，坚持不懈地走下去，那梦想就会变成现实。"永不放弃"是梦想成真的信念，只有不懈地坚持，自己的梦想才能成就辉煌。

黎巴嫩著名诗人纪伯伦曾说："我宁可做人类中有梦想和完成梦想愿望的、最渺小的人，而不愿做一个最伟大的无梦想、无愿望的人。"人类最可贵的本能就是对未来充满梦想，我们不仅要种下梦想的种子，而且应该让梦想的种子长成参天大树。所以，我们不要放弃自己的梦想，用心灌溉，寻找心的远方，总有一天，梦想会变成现实。

中国探险家余纯顺在前往罗布泊时曾说："我也许真的会失败，但我不能放弃这个梦想，就是失败，我也要当失败的英雄。"梦想是人们未来的目标，是不懈奋斗的动力。在这个世界上，自己身在何处并不重要，重要的是我们应该朝着什么样的方向前进，一旦放弃了梦想，就意味着放弃了前进的方向。

所以，怀揣着梦想前进吧，用心飞到自己的梦想之地。人生就是如此，跨出第一步，无论你的梦想和目标是什么，这就是你开始新人生的重要仪式，但也只是你成功的开始，更重要的是立即开始行动，从而实实在在地看到成功的希望。

你所谓的迷茫，都源于想太多

在生活中，相信每个人都有自己的梦想或目标，也就是一个指引人们行动的方向，然而，最终能达到自己目标的却是少数，大部分人还是庸庸碌碌一生。究其原因，是很大一部分人缺乏立即执行的精神。他们在行动前，就开始产生焦虑：万一失败了怎么办？这样永远都不会有什么成功，只会与目标渐行渐远。所有的成功者都必定有着果断的执行力。可能一直以来，你认为自己是个勇敢的人，但一旦到真正可以表现自己勇气的时候，却左右迟疑、不敢付诸实践。其实，这不是真的勇敢。因为勇敢不是停留在言语上，而是要放手去做的。

同样，在我们现实的工作中，一些人就是因为想得太多而迟迟不敢着手做手头上的事，他们宁愿承认自己没有做到足够的努力，也不愿意承认自己能力不足，他们为自己寻找各种借口，到最后，他们就能名正言顺地不必承担失败的责任。

的确如此，我们之所以碌碌无为，不是因为我们的想法太少，而恰恰是因为我们的思虑太多。任何事情都有风险，就像股市里常年提醒股民"股市有风险，入市需谨慎"，即便如此，还是有一些大胆的人义无反顾地进入股市，或者赚得盆满钵满，或者输得倾家荡产。当然，我们并非鼓励大家都像赌徒一样冒进股市，而是说，在做投资或者尝试一件事情的时候，一旦想好了，就应该马上实践，而不要瞻前顾后、犹豫不决。

张磊大学毕业后，很偶然地进了一家大企业。不过，这家企业所招聘的岗位并不符合他的本专业。当时，已经找工作几个月却处处碰壁的张磊再也不想像无头苍蝇一样乱撞了，他心里只想安定下来再慢慢谋划。因此，就接受了这份工作。

工作之后，张磊意外地发现，自己的同班同学李强居然同时也进了这家企业，而且是同一部门。两个大学同学意外在一家企业的同一部门相逢，也真是够巧合的。工作几个月后，他们俩一起去吃饭喝酒。酒过三巡，两个人都微微醉了。张磊问李强："你工作得快乐吗？"李强摇摇头，说："不快乐。对我来说，这份工作只是暂时糊口。我的理想是咱们的绘画专业，我一定要成为一名画家。"张磊很纠结地说："其实，我来的时候和你的想法是一样的，暂时糊口，然后去实现自己的画家梦。不过。这家企业很大，待遇也不错，我又担心万一辞职了，又像毕业的时候一样找不到工作怎么办？万一，我在绘画的路上没有发展，碌碌无为怎么办？如果我从事绘画事业10年而毫无收获，那么就损失太大了，因为留在这个公司，10年之后，至少是个中层管理者，已经步入小康生活了！"李强不以为然地说："不管怎么样，我不能放弃自己的梦想。况且，你有什么好担心的呢？连我都要去完成画家梦，你要知道，你可是我们班的才子啊！"张磊久久没说话，似乎陷入了沉思。

半年之后，稍有积蓄的李强果然辞职了。他当了一名绘画工作者，工资比之前低了很多，但是每天都可以作画，做自己最喜欢也最擅长的事情。转眼之间，10年过去了，张磊在公司已经升任主任，过着拼搏得有时候甚至完全忘记绘画的生活。一次难得的假期，他带着家人去法国旅行，无意间经过画展，不由得想起自己多年前的梦想。他情不自禁地走过去开始欣赏，突然，他看到一幅画的落款写着他熟悉的名字"李强"。他拿起电话拨打给李强，果然，这幅画的确是李强所作，李强还邀请他参加下个月在成都举办的"青山绿水"个人画展。挂断电话，他茫然若失。近来，他常常觉得迷惘，生活需要的一切他似乎都有了，但是却再也没有时间拿起画笔。他到底得到了什么，又失去了什么？有一点他很肯定，如果当时他和李强一样辞职，去拿起心爱的画笔，那么他现在的成就一定不会比李强差。

很多时候，禁锢我们的并非外界，而是我们自己的内心。凡事都会有失去的，也会有得到的。没有任何人可以只得到，而从不失去。在权衡很多事情的利弊得失时，我们只需要想一想自己最想要的是什么，自己内心深处真正追求的是什么，就能够正确地做出取舍。世界上好东西那么多，那么多璀璨耀眼的成就，我们不可能全部拥有。那么，就珍惜我们生命中最宝贵的，我们深思熟虑之后最想做的。

需要注意的是，所谓的深思熟虑，指的是做事情之前的多方面考虑，而不是已经想好的事情犹豫再三、迟疑不决地不去做。深思熟虑的人并不缺乏勇敢果断，而杞人忧天的人却因为一些还没有发生的可能性羁绊自己的脚步，使自己踟蹰不前。做事情之前的深思熟虑和杞人忧天，是完全不同的。我们要深思熟虑，一往无前，而不要杞人忧天，裹足不前。

痛快决定，把今天当成改变的起点和仪式

生活中，我们每个人都有自己的梦想，然而，实现梦想的人毕竟是极少一部分，大部分人与成功无缘，这是因为他们无法承担追求梦想带来的困难和痛苦，追求安稳的生活，每天两点一线，上班、回家，回家、上班，逐渐对梦想失去激情，而当他们看到他人风光无限或是衣食富足时，又嫉妒得要命。天上不会掉馅饼，即使掉了也不一定会砸到你的头上，凡事有因才有果，你付出了才能有回报，甘于现状、不思进取却又企望富贵发达，这就是"白日做梦"。

我们也发现，很多成功人士并不是一开始就是含着金钥匙出生的，而是从做很卑微的工作开始，脚踏实地，一步步走向成功的，如果没有当初的改变，那么，这些成功者也只能是在温饱线上挣扎的人。同样，对于生活中的我们来说，人生路上，任何一段拼搏的旅程，都是从勇于改变现状开始的。

很多时候，消除恐惧的方法只是做个痛快的决定，就是把今天当成改变的起点和仪式，只要想做，并坚信自己能成功，那么你就能成功。

小胡28岁了，刚开始结婚那几年，她是幸福的。她本来以为找个好人家把自己嫁出去，往后的生活围绕着丈夫与孩子团团转，一辈子也就这样了。但是，当她真的成家以后，却经常感到很迷茫，觉得浑身不自在。

　　更让她感到糟糕的是，婚后的丈夫也好像变了，找了份安稳的工作后，就变得不思进取，每天下班回家后就是打扑克、泡酒吧，这让她打心眼里嫌弃丈夫的无能和窝囊，再加上家里的经济条件并不十分宽裕，因此她很不开心，时常唉声叹气。

　　一个星期天，小胡的一个闺蜜邀她出去喝咖啡。于是她开始诉说心里的烦恼，埋怨自己嫁错了人。好友善意地提醒她："如果你总想着让老公多赚外快，增加收入，那么你恐怕很难感到快乐。既然你自己有理想、有能力，为什么不干脆自己创业或者努力工作呢？"这番话点醒了小胡，她仔细一想，觉得好友的话十分在理，于是她开始留意身边的各种机会。

　　半个月后，邻居准备转让一家餐馆，她就动了心思，打算把餐馆接过来。当时，丈夫和婆婆都不同意，觉得她一个女人能干成什么事。再说，她也缺乏经营经验，而且事情太繁杂，怕她遭罪。但小胡坚持接了下来。很快，因为经营有道，她的生意红红火火。

　　尤其让她感到高兴的是，因为她打开了人生的新局面，丈夫也不再游手好闲，时常来帮她招待客人，管理餐馆的大小事务，在工作中也开始奋发向上。丈夫常感激她，让自己找准了人生方向，就像周华健唱的那首歌——"若不是因为你，我依然在风雨里飘来荡去，我早已经放弃……"

　　如今的他们，在生活中能够互相交流想法和意见，感情也比从前更加融洽。

　　这就是一个聪明女人不甘于现状，用自己的能力改变现状的典范。刚开始，她围着丈夫和孩子转，原本以为这就是幸福，但实际上，这并不是她要的生活，她很快发现自己过得并不快乐，在闺蜜的提点下，她很快找到了努力的目标。事实证明，她有能力经营好自己的事业、自己的幸福，她与丈夫的感情也比以前更加亲密、融洽。

　　据社会学专家预测，未来的社会将变成一个复杂的、充满不确定性的高风险社会，如果人类自由行动的能力总在不断增强的话，那么不确定性也会不断增大。在生活中，你应该意识到，各种变化已经在我们身边悄然出现，勇敢地投身于其中的人也越来越多，如果你不积极行动起来，缺乏竞争意识、忧患意识，安于现状、不思进取，就会被时代所抛弃，被那些敢于冒险的人远远甩在后面。当然，现阶段，你应该把眼光重点放在培养自己的进取精神上。

　　当然，每个人都应该明白一个道理，说一尺不如行一寸，也只有行动才能缩短自己与目标之间的距离，只有行动才能把理想变为现实。成功的人都把少说话、多做事奉为行动的准则，通过脚踏实地的行动，达成内心的愿望。但任何行动，如果没有一个明确的指引方向，都是无意义的。

　　诚然，我们渴望成功，都有自己的梦想，但梦想并不是参天大树，而是一颗小种子，需要你去播种，去耕耘；梦想不是一片沃土，而是一片莽荒之地，需要你在上面栽种上绿色。

如果你要想成为社会的有用之才，你就要"闻鸡起舞"，甚至需要你"笨鸟先飞"；如果你想著作出精神之作，就需要你呕心沥血……梦想的成功是建立在阶段性的目标的基础上的，需要以奋斗为基石，如果你想实现心中的那个梦想，就行动起来吧，去为之努力、为之奋斗，这样你的理想才会实现，才会获得最后的成功。

再熬一熬，希望就来了

冬天已经到了，春天还会远吗？雪莱的《西风颂》中的这句话，给予了无数人面对艰难困境的力量和勇气。的确，现实生活中每个人都难免遭遇绝境，当时也许会觉得自己根本无法渡过难关，甚至为此变得颓废沮丧，放弃希望。殊不知，在勇敢者面前，人生是没有绝境的。不管境遇多么艰难，只要我们始终不放弃希望，坚持不懈地努力，就一定能够迎来柳暗花明又一村的欣喜。

但是，假如我们在苦难面前退缩了，因为承受不住主动放弃了，那么我们就没有希望熬过命运的考验，也许生命会就此戛然而止。这样的怯懦，是对于生命的亵渎，是不该在勇敢者身上出现的。

曾经，有两个人结伴在沙漠里行走，因为天气炎热，又没有足够的饮用水，其中一个人很快就中暑了，倒地不起。这时，另一个人把他转移到阴凉的地方，并且为他留下一把手枪，说："枪里还有五颗子弹，你每隔四小时就打一枪，我会根据枪声的指引带着水回来找你。"眼看着天色渐渐晚了，中暑者绝望地倒在地上，他既不相信同伴能找来水，也不相信同伴会按照约定回来拯救他的生命。他绝望地每隔四小时就放一枪，直到还剩下一颗子弹时，他没有对空鸣放，而是选择结束了自己的生命。很快，他的同伴就带着一支驼队赶回来救他，但是只看到了他的尸体。

不得不说，沙漠中的这个中暑者是怯懦的。他放弃了希望，甚至没有进行任何努力和尝试，所以才会失去生机。倘若他能继续耐心地等待，或者坚强地选择活到人生的最后一刻，结局就会截然不同。相反，他去寻找水的同伴则是人生的强者，也是勇敢无畏的人，所以他才能独自一人在沙漠里行走整整一天，最终也没有放弃希望，而是如约带着水回来拯救自己的同伴。他是值得钦佩的勇敢者，也是信守诺言的好朋友，所以才能突破人生的绝境，拯救自己的生命。

西方有位著名的思想家说："假如你的心中充满希望和勇气，在人生的路上勇往直前，那么全世界都会在你面前退让。"这句话形象地告诉我们，勇气拥有多么强大的力量，对于我们的人生也必然起到积极正面的作用。在勇敢者的心中，没有真正的绝境，不到生命的最后一刻，他们绝不会放弃努力。很多朋友都喜欢看好莱坞的大片，你就会发现大多数大片的情节中，主人公都如同打不死的小强一样，被打倒了就再起来，只要一息尚存，就绝不认输。这就是典型的勇敢者的表现。当然，勇敢者也并非都表现在用之不竭的体力上，很多时候心中怀有希望也能够帮助我们变得勇敢坚强，能够无所畏惧地面对人生。

也许有的朋友会说，难道绝望是值得讴歌的吗？当然不是，没有人希望自己的人生面临绝境，然而各种困境又是生活不可避免的。因而我们唯有怀着勇敢者的精神，积极地面对人生的困境，才能迎难而上、超越困境，也实现人生质的飞跃。

主动积极地面对人生，不遗余力地改变命运

生活中，我们都羡慕那些成功者，然而，他们的成功并非因为得到命运的眷顾一帆风顺地获得成功，相反，他们的人生历经坎坷，他们都是从贫穷和困难中一路走过来的。所以，他们比普通人吃过更多的苦，忍受更多的煎熬，因而也比普通人具备更加顽强的意志，对于成功有着更加强烈的渴望。正是这样不平凡的经历，他们才有了与众不同的品行和坚韧不拔的意志，从而使自己的人生变得出类拔萃。

作为贫穷黑人家的孩子，福勒年仅5岁就开始劳动养活自

己。和福勒一样，与他一同玩耍的孩子中，绝大多数都出身于佃农家庭，他们小小年纪就开始凭借自己的双手劳动，养活自己。不过，他们之中没有任何人抱怨命运，他们从不幻想自己出生在富裕的家庭，而是对命运的安排安之若素。这一点，福勒和他们截然不同。在母亲的启发下，福勒从小就对现状不满，不甘于这样过一生。母亲时常告诫福勒："福勒，人并不是生来就要受穷的。我不想让你认命，也不是上帝让我们永远受穷的。要知道，上帝愿意他的每一个孩子都过上富裕的生活，而我们之所以贫穷，只是因为我们从未想过要改变生活，发家致富。在此之前，我们家里的每个人都甘于贫穷，我们必须改变，从你开始，否则连上帝都无法帮助我们。"福勒虽然年纪尚小，但是对于母亲的话却印象深刻。福勒听从母亲的意愿，决定经商，以最快速的方法赚取钱财。思来想去，因为缺乏本钱，他决定从推销肥皂开始。从那之后，他在整整12年的时间里，始终在挨家挨户地推销肥皂。

　　一个偶然的机会，福勒听说有家肥皂公司要拍卖，他似乎看到了发财的机会正在向自己招手，因为他在12年的时间里已经积累了丰富的销售经验，也为自己树立了良好的口碑。就这样，福勒从朋友那里借了很多钱，再加上自己此前所有的积蓄，而且还从投资公司借债，最终依然差一万美元才能成功购买肥皂公司。夜深人静，无计可施的他绞尽脑汁，在街道上走来走去。突然，他看到有家公司还亮着灯，因而径直走进去，问那个满脸疲惫、伏案疾书的职员："你想赚到1000美元吗？"那个职员不明所以地看着福勒，点了点头，福勒向他讲了自己的故事，并且向对方承诺："如果你愿意开一张一万美元的支票给我，我在还钱的时候，将额外支付你1000美元的利息。"对于职员而言，这个办法并没有太大的风险，难度也很小，因此他当即表示同意。就这样，福勒成功收购肥皂公司，而且还成为一家报社以及其他七家公司的股东。他大获成功，彻底改变了自己以及整个家族的命运。当记者采访福勒如何获得成功时，福勒说："要知道，上帝愿意他的每一个孩子都过上富裕的生活，而我们之所以贫穷，只是因为我们从未想过要改变生活，发家致富。"

这正是若干年前母亲告诉福勒的话，这么多年来，他始终把母亲的话记在心中，所以能够改变命运，发家致富。的确，上帝没有安排他永远贫穷，但是前提是他自己必须想发家致富，这样上帝才能偏爱他，给予他更多的机会改变命运，收获成功。

我们每个人，从呱呱坠地开始，就注定要面对人生的磨难，除了当人生的逃兵以外，任何人都只能承受。既然不管是被动地承受苦难，还是主动地迎接和面对挑战，都无法摆脱苦难，我们何不主动面对挑战呢？这样一来，我们至少能够从苦难中汲取力量，积累人生经验，最终把吃苦当成人生通往成功的必经之路。正如人们常说的，吃得苦中苦，方为人上人；也如同人们常说的，如果世界上没有丑，也就无所谓美。同样的道理，如果这个世界上没有苦，也就无所谓甜。自古以来，关于成功的人历经苦难的事例数不胜数，我们也不难从中得出一个结论，唯有经历苦难，才能迎来人生的柳暗花明，也才能使人生苦尽甘来。

中国有句古话，自助者天助之。的确，一个人只有主动积极地面对人生，不遗余力地改变命运，才能真正做到扭转命运，逆袭成功。否则，就算上帝再怎么偏爱，也无法给予我们从天而降的成功，这样我们还如何实现命运的转机呢？所以，我们不管出身如何，越是出身贫苦，就越是要努力奋斗，这样才能获得成功的机会。要记住，上帝永远偏爱那些努力奋斗的孩子，我们唯有赢得上帝的青睐和眷顾，才能彻底改变命运。

参考文献

[1]网易槽值.仪式感：给潦草的生活一个巴掌[M].北京：中华工商联合出版社，2018.

[2]高瑞沣.仪式感：把将就的日子过成讲究的生活[M].北京：北京理工大学出版社，2016.

[3]三月楚歌.你的生活需要仪式感[M].上海：文汇出版社，2018.

[4]陈渝.仪式感，让我们活得更高级[M].北京：台海出版社，2018.